Global Energy Interconnection
Development and Cooperation Organization

全球能源互联网发展合作组织

欧洲清洁能源
开发与投资研究

全球能源互联网发展合作组织

中国电力出版社
CHINA ELECTRIC POWER PRESS

前 言

能源是经济社会发展的重要物质基础。人类对能源的利用，从薪柴到煤炭、石油、天然气等化石能源，再到水能、风能、太阳能等清洁能源，每一次变迁都伴随着生产力的巨大飞跃和人类文明的重大进步。能源作为现代社会发展的动力，关系国计民生、关系人类福祉。传统化石能源的大量开发使用导致资源紧张、环境污染、气候变化等问题日益突出，严重威胁人类生存和可持续发展。从本质上看，可持续发展的核心是清洁发展，关键是推进能源生产侧实施清洁替代，以太阳能、风能、水能等清洁能源替代化石能源。

科学准确的资源量化评估是清洁能源大规模开发利用的重要基础。 当前，全球范围内水电、风电、太阳能装机规模已超过总电源装机规模的 30%，清洁能源发展虽然已取得一定成效，但仍存在巨大开发潜力，故对资源储量进行精细化的评估尤为重要。全球能源互联网发展合作组织（简称"合作组织"）在建立健全全球清洁能源资源数据库的基础上，构建了清洁能源资源评价体系和精细化数字评估模型，开展了全球视角下水能、风能和太阳能理论蕴藏量、技术可开发量、经济可开发量的系统测算与量化评估，形成了"全球清洁能源开发评估平台（GREAN）"，有效提升了全球清洁能源资源评估的准确度与时效性，为相关国家和地区清洁能源的大规模开发利用提供了重要支撑。

系统高效的基地宏观选址是清洁能源大规模开发利用的重要前提。 清洁能源基地选址关系到电站开发的经济性，对清洁能源的经济化大规模开发和高效利用至关重要。影响基地选址的因素众多，选址分析决策过程复杂、难度较大。内业的选址研究往往受到数据资料的完整性和准确度限制，选址作业必须依赖现场查勘，耗费巨量的人力、财力和时间成本。合作组织综合考虑全球地形高程、地物覆盖、流域水系、自然保护区、地质类型和地震带分布、电源和电网、人口和经济等因素，构建了清洁能源发电基地宏观选址模型及工具，大幅增加了资料收集环节的广度和深度，将极大提升了内业选址的准确性、经济性和有

效性，形成了推动全球清洁能源资源开发的系统化成果，为世界能源战略研究和政策制订提供了可以参考的"工具书"和"数据手册"。

聚焦全球各洲资源评估及基地开发，合作组织编制了全球及亚洲、欧洲、非洲、北美洲、中南美洲、大洋洲等各大洲清洁能源开发与投资研究系列报告。本报告是聚焦欧洲的分报告，全面展示了欧洲的清洁能源资源评估和大型基地选址成果。**第1—3章，采用数字化方法完成了欧洲水电的资源评估、风电和光伏发电的资源评估与基地开发研究**。首先分别介绍了资源评估和选址研究的方法体系、模型和数据；水电方面，对欧洲主要流域的水能资源开展了理论蕴藏量测算；风电和光伏方面，在全面测算和分析影响集中式开发的主要因素基础上，开展了全洲各国家和地区风能、太阳能理论蕴藏量、集中开发的技术可开发量及开发成本的测算，并结合欧洲部分国家实际，对分布式开发风电和光伏的规模开展了初步量化评估；运用数字平台，研究提出了欧洲大型的陆上和海上风电基地、大型太阳能光伏基地的选址布局，完成了开发条件评价、开发规模评估以及技术经济指标测算。**第4章，**基于欧洲能源电力供需发展趋势，统筹区域内、跨区及跨洲电力消纳市场，研究分析大型清洁能源基地送电方向和输电方式。**第5章，**梳理了欧洲主要国家的能源政策及投资现状，剖析清洁能源开发项目典型投资模式，结合欧洲清洁能源基地开发方案开展案例研究，提出了加快欧洲清洁发展的政策和投资模式建议。

合作组织全球清洁能源开发与投资研究系列报告致力于为全球清洁能源大规模开发利用提供指引和参考，加快推动在能源供给侧实施清洁替代。本报告可为政府部门、国际组织、能源企业、金融机构、研究机构、高等院校和相关人员开展欧洲清洁能源资源评估、战略研究、项目开发、国际合作等提供参考。受数据资料和报告研究编写时间所限，内容难免存在不足，欢迎读者批评指正。

研究范围

本报告研究范围覆盖欧洲 46 个国家和地区 ❶ 以及土耳其、哈萨克斯坦、阿塞拜疆领土的欧洲部分。欧洲 46 个国家和地区分别为：挪威、瑞典、芬兰、冰岛、丹麦、法罗群岛（丹）、爱沙尼亚、拉脱维亚、立陶宛、白俄罗斯、乌克兰、摩尔多瓦、俄罗斯（欧）、德国、波兰、捷克、斯洛伐克、匈牙利、罗马尼亚、保加利亚、斯洛文尼亚、克罗地亚、波斯尼亚和黑塞哥维那、塞尔维亚、黑山、北马其顿、希腊、阿尔巴尼亚、英国、爱尔兰、荷兰、比利时、卢森堡、法国、摩纳哥、西班牙、直布罗陀（英占）、葡萄牙、安道尔、瑞士、列支敦士登、奥地利、意大利、圣马力诺、梵蒂冈、马耳他。

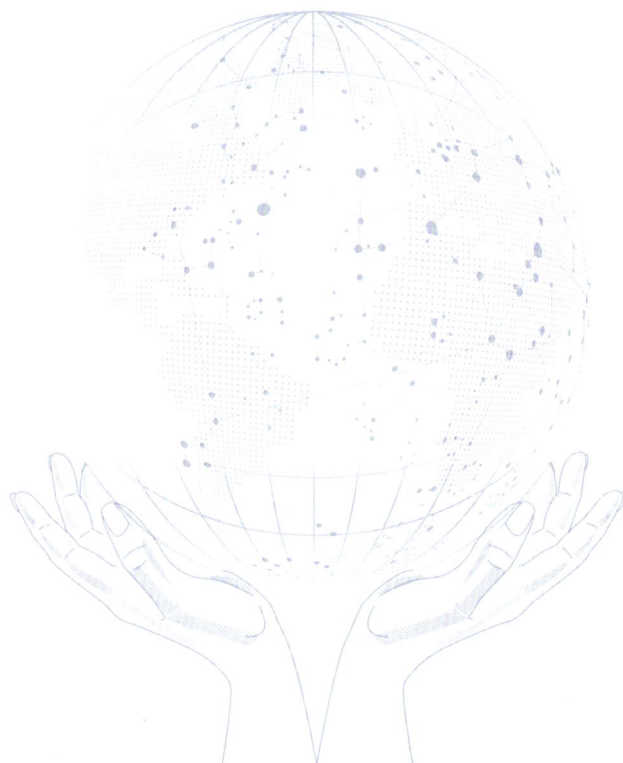

❶ 本报告对任何领土主权、国际边界疆域划定以及任何领土、城市或地区名称不持立场，后同。

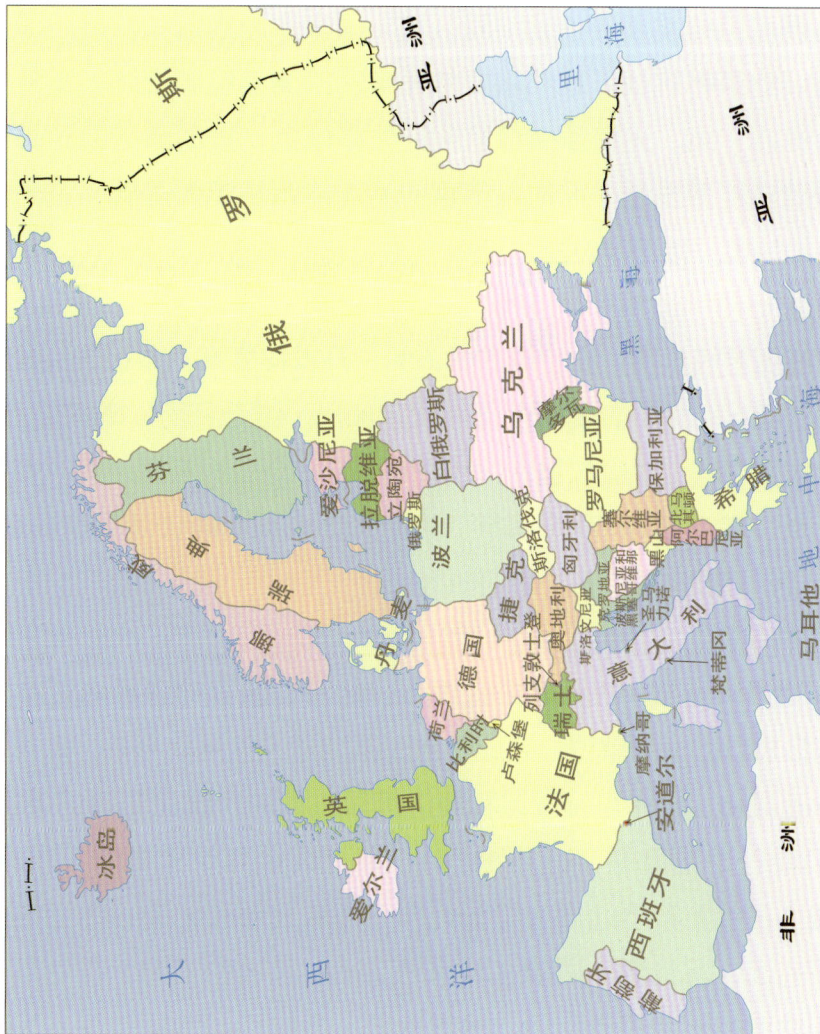

欧洲研究范围示意图

摘　要

近年来，欧洲国家清洁能源发展迅速，各国围绕能源转型制定了一系列战略目标和政策措施，在应对气候变化、推动区域一体化进程等方面走在世界前列。但同时也面临着能源安全、清洁、高效供应，经济和社会、资源和环境、人与自然协调可持续发展要求，不同区域、国家资源禀赋和发展阶段差异，气候和环境发展约束等挑战。欧洲需要依托丰富的清洁能源资源，秉持绿色低碳发展理念，在水、风、光资源储量量化评估基础上，推动清洁能源基地开发和投资，加快清洁能源发展；推动以丰富的清洁能源资源为基础，进一步提升电气化水平，加快电—碳市场发展，持续引领全球能源清洁能源转型。

欧洲水能资源较丰富，占全球的 9.6%，开发程度高。本报告完成了主要流域水能资源的数字化评估，翁厄曼河、伏尔加河、维斯瓦河、塔古斯河等 13 个主要流域水能资源理论蕴藏总量 1944TWh/a，广泛分布在奥地利、德国、罗马尼亚、俄罗斯、乌克兰等 30 个国家。其中，奥地利水能资源理论蕴藏量最高，为 272TWh/a，德国次之，约 189TWh/a。

欧洲风能资源丰富，主要集中在海上，北海、波罗的海等海域集中开发条件优越。本报告以国家为单位，完成了欧洲风能资源的量化评估，形成了各国风能资源理论蕴藏量、技术可开发量和经济可开发量的系统化测算结果。经测算，欧洲陆上风能理论蕴藏量 213.2PWh/a，海上风能理论蕴藏量 776.6PWh/a。陆上主要集中在俄罗斯西北部、英国北部、挪威北部和冰岛，海上主要集中在北海、波罗的海、挪威海、格陵兰和冰岛海域以及巴伦支海。在此基础上，综合考虑资源禀赋、土地资源利用、地理地形、保护区、地质类型、人口分布等

因素，经测算，欧洲风能适宜陆上集中开发的技术可开发量 3.91TW，年发电量 10.6PWh，适宜海上集中式开发的装机规模 25.3TW，远大于陆上集中开发的技术可开发量。结合 2035 年欧洲风力发电技术经济性预测结果，考虑交通和电网接入等开发成本，欧洲陆上集中式风电开发的各国平均度电成本为 2.32~6.84 美分 /kWh。其中，资源条件优异，交通、电网基础设施条件较好的英国等国的风电开发经济性更好。

欧洲太阳能光伏资源较好，集中开发条件一般。经测算，欧洲光伏发电理论蕴藏量 9550.1PWh/a，主要分布于欧洲南部地区。综合考虑资源禀赋，排除制约大规模集中开发主要限制性因素，欧洲光伏发电技术可开发量 10.4TW，年发电量 14.1PWh。欧洲的太阳能资源主要集中在葡萄牙、西班牙、意大利、希腊等国。结合 2035 年欧洲光伏发电技术经济性预测结果，考虑交通和电网接入等开发成本，欧洲集中式光伏开发的各国平均度电成本为 2.27~9.58 美分。

基于精细化数字评估模型以及基地宏观选址模型，对欧洲主要待开发的风电和光伏基地开展了宏观选址研究，完成了开发条件评价、开发规模评估以及技术经济指标测算。

风电基地方面，北海、波罗的海、挪威海、格陵兰及冰岛、巴伦支海等海域适宜建设大规模海上风电基地。报告研究并提出了英国安格斯风电基地、英国东部海上风电基地、比利时海上风电基地、荷兰海上风电基地等 17 个大型风电基地的选址成果，完成了开发条件评价、开发规模评估与资源特性分析，

综合工程建设与并网条件分析了基地的经济性指标。17 个大型风电基地的总装机规模 158.16GW。年发电量 680.25TWh，总投资约 2630.21 亿美元，其中陆上风电基地的度电成本 2.66 美分 /kWh，海上风电基地的度电成本为 4.86~7.08 美分 /kWh，项目经济性好。

光伏发电基地方面，综合考虑资源特性和开发条件，西班牙、希腊、葡萄牙和意大利等国具备集中开发土地条件的区域，可以建设大型光伏电站。本报告研究并提出了西班牙南部安达卢西亚光伏基地的选址成果，完成了基地开发条件评价、开发规模评估、资源特性分析、综合工程建设与并网条件，提出了基地的经济性指标。装机规模约 720MW，年发电量 1.26TWh，总投资约 3.61 亿美元，平均度电成本 2.20 美分 /kWh，经济指标较好。

欧洲能源互联网是欧洲水电、风电和光伏电力资源大规模多元化开发和高效利用的配置平台，是实现欧洲能源电力清洁、多元、可靠和经济供应的重要基础。基于对欧洲能源电力供需趋势的分析，统筹区域内、跨区及跨洲电力消纳市场，结合清洁能源基地电力外送容量、输电距离及电网网架结构等因素，报告提出了欧洲主要大型清洁能源基地的送电方向和输电方式，将基地开发与电网外送有效衔接，推动欧洲清洁能源大规模开发和高效利用。

充分利用欧洲良好的营商环境和政策条件、促进投融资模式创新，推动洲内大型清洁能源基地项目落地实施。欧洲地区清洁能源资源，尤其是海上风能资源，具有较高的开发潜力。为推动经济增长、改善生态环境，应进一步加快

开发清洁能源资源，完善能源和投资管理政策环境，创新投融资模式。本报告梳理了欧洲整体政策环境，对英国、德国、荷兰等 10 个主要国家开展了营商环境、清洁能源开发、电力市场、行业投资、财政政策、土地劳工环保等 6 类电力项目开发的相关政策分析。针对欧洲清洁能源开发，报告提出了包括以无追索权贷款融资为主体、积极参与 PPP 项目投融资、借助欧洲绿色金融市场进行融资、加强通货膨胀风险管理等方面的建议，以进一步完善投融资环境，壮大可再生能源开发利用规模，稳固清洁能源发展领先地位，实现经济与环境高质量协调发展。

目 录

图目录

表目录

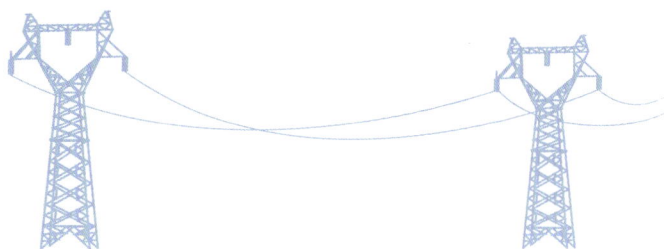

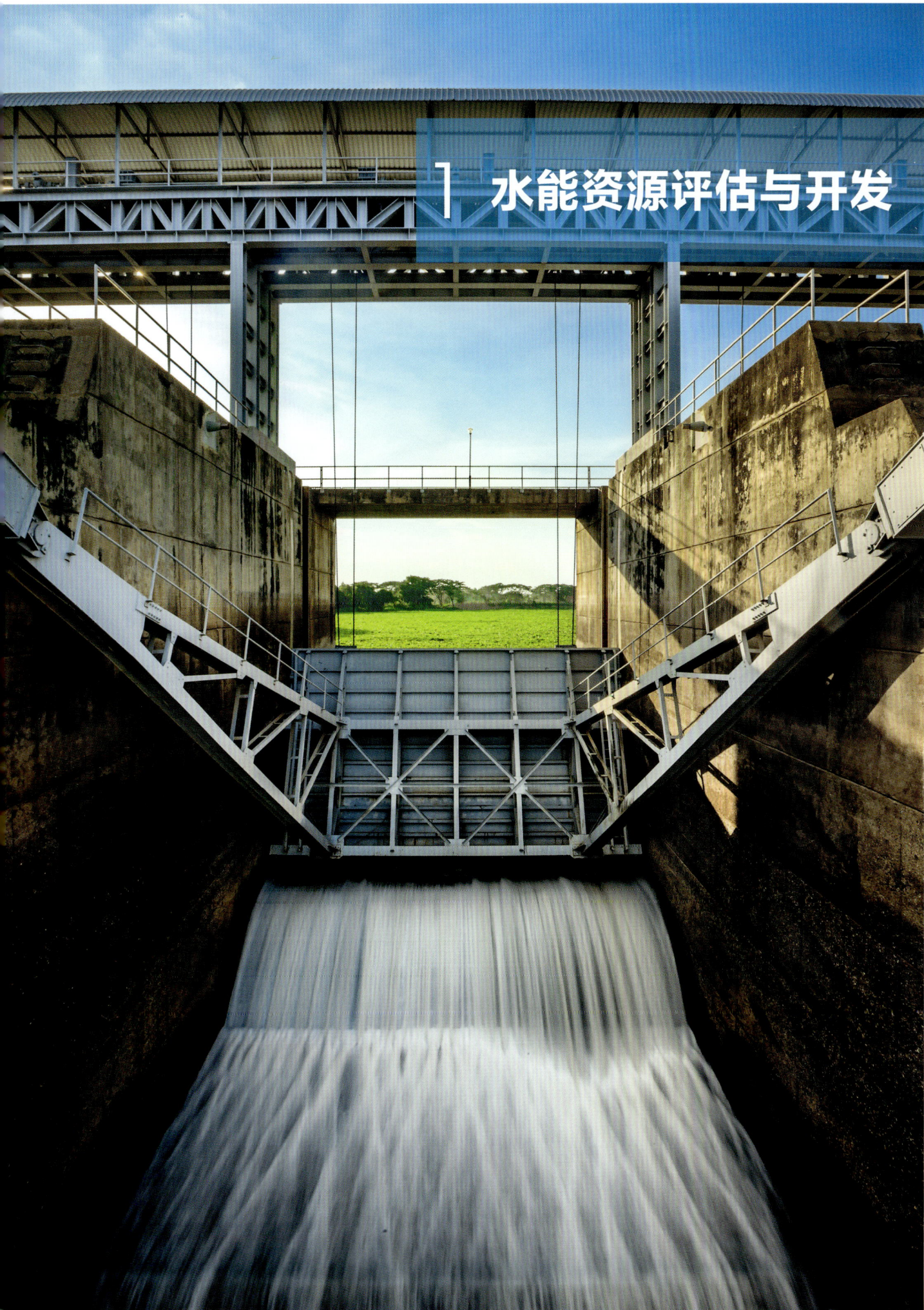

1 水能资源评估与开发

欧洲水能资源较丰富，开发程度高。本报告对翁厄曼河（Angerman）、伏尔加河（Volga）、维斯瓦河（Wisla）、塔古斯河（Tagus）、顿河（Don）、道加瓦河（Daugava）、第聂伯河（Dnieper）、德涅斯特河（Dniester）、多瑙河（Danube）、易北河（Elbe）、莱茵河（Rhine）、卢瓦尔河（Loire）、波河（Po）等 13 个主要流域水能资源进行了数字化评估，水能理论蕴藏总量约 1944TWh/a。

1.1 方法与数据

水能是蕴藏于河川和海洋水体中的势能和动能。广义水能资源包括河川水能、潮汐能、波浪能、海流能等能量资源等；狭义水能资源指河川水流水能资源。本报告主要研究狭义的水能资源，所需基础数据主要为资源类数据、地理信息类数据以及人类活动和经济性资料等。

1.1.1 资源评估方法

河流水能的理论蕴藏量是河流水能势能的多年平均值，由河流多年平均流量和全部落差经逐段计算得到，单位为 kWh。水能理论蕴藏量与河川径流量和地形落差直接相关。流域内干支流径流受全球气候、区域环境变化、人类活动影响等存在一定变化，但其多年平均径流量相对稳定；河道天然落差取决于地形，一般情况下区域地形较为稳定。因此，河流的水能理论蕴藏量是相对固定和客观的，是评价河流水能资源大小的宏观指标。受水能资源分布特点限制，开展水能理论蕴藏量评估时，一般遵循"从河段到河流、从支流到干流"的原则，按照流域开展逐级研究。

采用数字化方法评估水能资源理论蕴藏量的目标是计算河流的理论年发电量。首先以卫星遥感观测数据为基础得到数字高程模型，生成数字化河网数据；通过提取河流比降突变点、支流汇入点和河口位置，在满足断面间距要求的前提下，合理确定控制断面，生成用于计算分析的河段；然后以全球径流场数据、全球主要河流水文站数据为基础，结合河流或者湖泊年降水量、河段区间集水面积、上下断面多年径流量平均值、区间水位等信息，计算得到各河段的流量信息，进而完成理论蕴藏量的测算，具体评估流程如图 1-1 所示。

一般情况下，流域的水能资源理论蕴藏量是其干流及主要支流范围内各河段理论蕴藏量的总和；一个国家的水能理论蕴藏量是其国界范围内各流域理论蕴藏量的总和。界河资源量按各 50% 分别计入两岸国家。

评估河流的技术可开发量，主要任务是剔除不宜开发水电站的河段的资源，而评估经济可开发量需进一步考虑影响水电度电成本的经济性因素，结合替代电源的成本或受电地区可承受的电力价格进行对比分析。

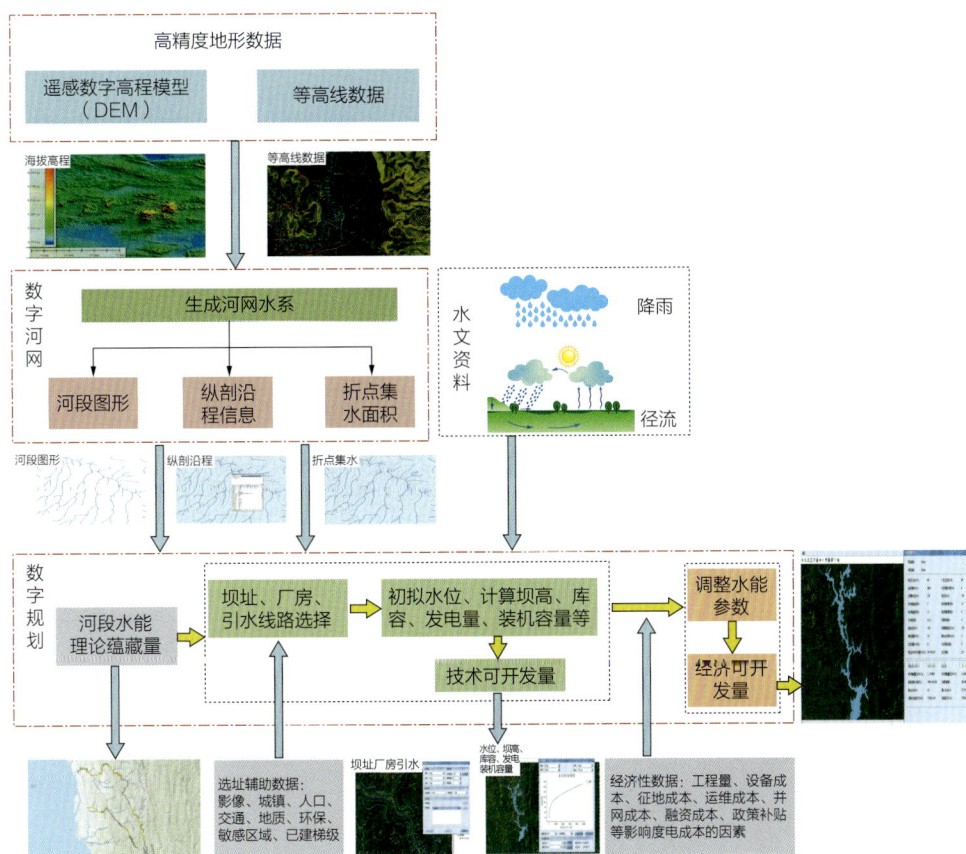

图 1-1　水能发电能力评估技术路线图

1.1.2 宏观选址方法

本报告旨在充分利用全球资源数据和地理信息，建立系统化、自动化的宏观选址方法，辅助开展水电基地的选址研究，为政策制定者和商业投资人提供决策支持。

研究建立了数字化水电基地宏观选址方法，基于层次分析方法，在传统电站选址方法的基础上，充分利用全球尺度下丰富的数字化数据信息，综合考虑资源条件、地形地貌、建设条件、开发成本等因素，建立基地宏观选址分析模型，然后利用数值模拟方法计算基地的技术和经济指标，最后收集、整理已建发电基地成果讲行验证与总结。采用该方法，可针对一个区域、一个河段，考虑不同的限制条件、开发方式，快速形成多种开发方案并开展比选和优化。研究的主要步骤如图 1-2 所示。

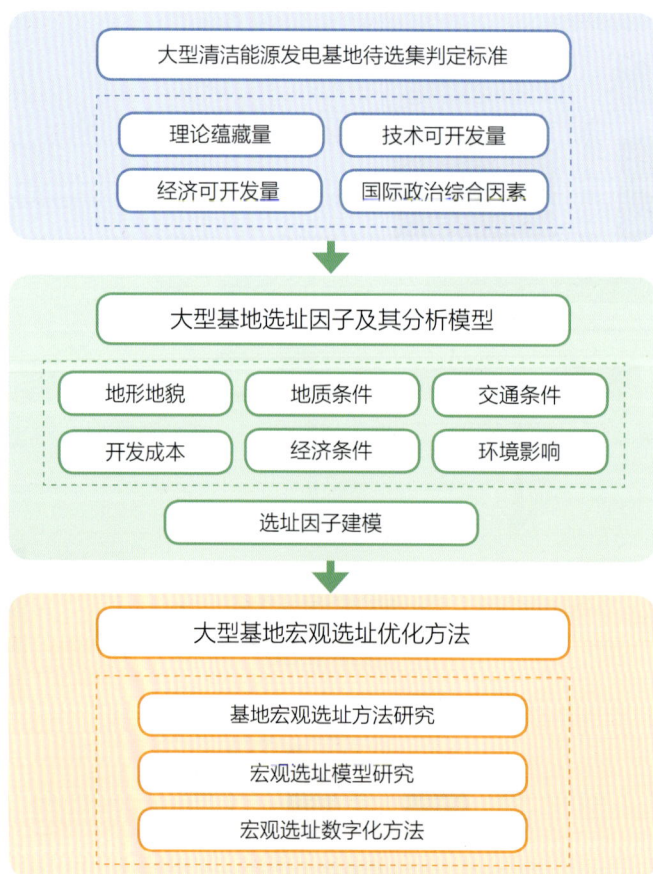

大型清洁能源发电基地待选集判定标准

理论蕴藏量　　技术可开发量

经济可开发量　　国际政治综合因素

大型基地选址因子及其分析模型

地形地貌　　地质条件　　交通条件

开发成本　　经济条件　　环境影响

选址因子建模

大型基地宏观选址优化方法

基地宏观选址方法研究

宏观选址模型研究

宏观选址数字化方法

图 1-2 数字化宏观选址技术路线图

河流水电宏观选址研究是以河流水能资源蕴藏量评估为基础，分析影响水电开发的工程地质、环境保护和经济社会等限制性因素，明确开发条件，拟定重点河段的梯级开发方案，并完成水电开发相关技术经济参数测算。基于地理信息技术的水电站数字规划流程主要包括数据采集与预处理、数字化河网提取、限制性因素分析、数字化选址、水能参数计算、规划电站建模三维展示等内容，其选址流程如图 1-3 所示。

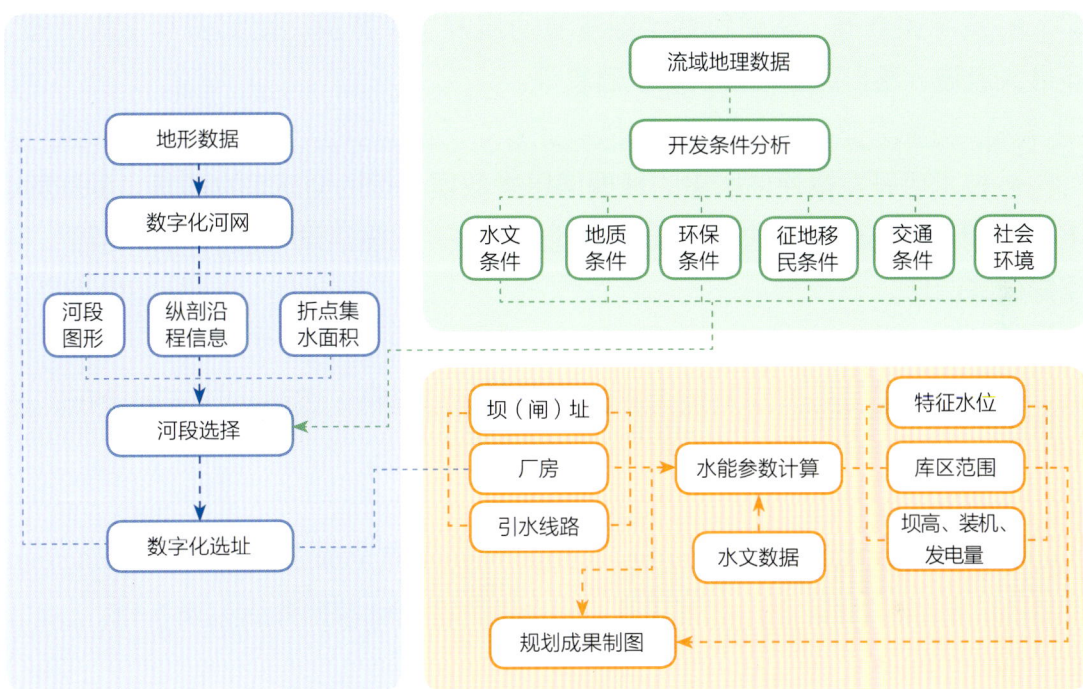

图 1-3　水电基地数字化宏观选址流程示意图

具体的，利用覆盖全球的流域地形数据和水文径流资料，分析河段径流特性和水能资源条件，结合高精度数字高程模型数据，识别并提取具有矢量河道图形及属性信息的河段数据，建立数字化河网；结合径流数据计算河段的理论蕴藏量，优先选取比降大、蕴藏量丰富的河段作为目标开发河段；结合站址周边的地理数据，从水文条件、地质条件、水库淹没及移民条件、保护区分布、对外交通等多方面分析电站开发的限制性因素；以流域地形高程数据为基础，结合径流、地质、国土、生态等数字信息，开展水电站数字化选址；利用三维地形、影像等参考数据，寻找适宜建坝的地点，绘制坝址、副坝、厂房、引水线路等规划信息，生成水电站库区范围，并计算获得集水面积、正常蓄水位、库容年发电量、装机容量等水能参数；绘制河流梯级开发方案纵剖面图以及技术经济指标表等开发成果。

1.1.3 基础数据与参数

1.1.3.1 基础数据

为实现数字化水能资源评估，本报告建立了包含 3 类 16 项覆盖全球范围的资源评估基础数据库。

● 资源类数据，主要包括全球主要河流的水文数据，比如多年平均流量、年最大流量、逐日流量信息、降水信息等。

● 技术可开发量评估所需的地理信息类数据，包括全球地物覆盖、保护区、水库和湖泊、构造板块边界和断层、地质岩层、地震活动频度、地理高程、卫星影像等信息。

● 评估经济可开发量所需人类活动和经济性资料，包括全球城镇分布、人口分布、电源和电网分布、交通基础设施等数据。

其中，全球水文数据为全球径流数据中心的涵盖全球主要河流的 9484 个水文站点、30 年以上的逐日水文数据，其他的关键基础数据介绍见表 1-1。

表 1-1　全球水资源和地理信息基础数据

序号	数据名称	空间分辨率	数据类型
1	全球水文数据	—	其他数据
2	全球地面覆盖物分类信息	30m×30m	栅格数据
3	全球主要保护区分布	—	矢量数据
4	全球主要水库分布	—	矢量数据
5	全球湖泊和湿地分布	1km×1km	栅格数据
6	全球主要断层分布	—	矢量数据
7	全球板块边界分布 空间范围：南纬 66°—北纬 87°	—	矢量数据
8	全球历史地震频度分布	5km×5km	栅格数据
9	全球主要岩层分布	—	矢量数据
10	全球地形卫星图片	0.5m×0.5m	栅格数据

序号	数据名称	空间分辨率	数据类型
11	全球地理高程数据 空间范围：南纬 83°—北纬 83° 间陆地	30m×30m	栅格数据
12	全球海洋边界数据	—	矢量数据
13	全球人口分布	900m×900m	栅格数据
14	全球交通基础设施分布	—	矢量数据
15	全球电网地理接线图	—	矢量数据
16	全球电厂信息及地理分布	—	矢量数据

注：1. 全球水文数据来源于全球径流数据中心（GRDC）。
　　2. 全球地面覆盖物分类信息来源于中国国家基础地理信息中心。
　　3. 全球主要保护区分布数据来源于国际自然保护联盟（IUCN）和联合国环境规划署世界保护监测中心（UNEP-WCMC），在联合国分类的基础上，结合中国国家标准（GB/T 14529-1993）进行了重新分类。
　　4. 全球主要水库分布数据来源于德国波恩全球水系统项目。
　　5. 全球湖泊和湿地分布数据来源于世界自然基金会、环境系统研究中心和德国卡塞尔大学。
　　6. 全球主要断层分布数据来源于美国环境系统研究所。
　　7. 全球板块边界分布数据来源于美国环境系统研究所。
　　8. 全球历史地震频度分布数据来源于世界资源研究所（WRI）。
　　9. 全球主要岩层分布数据来源于欧盟委员会、德国联邦教育与研究部（BMBF）、德意志科学基金会（DFG）等机构
　　10. 全球地形卫星图片数据来源于谷歌公司。
　　11. 全球地理高程数据来源于美国国家航空航天局（NASA）和日本经济贸易工业部（METI）。
　　12. 全球海洋边界数据来源于比利时弗兰德斯海洋研究所（VLIZ）。
　　13. 全球人口分布数据来源于哥伦比亚大学国际地球科学信息网络中心。
　　14. 全球交通基础设施分布数据来源于北美制图信息学会（NACIS）。
　　15. 全球电网地理接线图数据来源于全球能源互联网发展合作组织（GEIDCO）。
　　16. 全球电厂信息及地理分布数据来源于谷歌、斯德哥尔摩 KTH 皇家理工学院和世界资源研究所（WRI）。

1.1.3.2　计算参数

　　本报告重点关注并评估全球范围内适宜开发水电站的河段，一般选取流量大、落差集中且形成水库后对保护区、森林、耕地和城市等区域无影响或影响小的河段。

1. 技术指标测算参数

　　报告采用水能资源理论蕴藏量进行河流（河段）开发价值评价，根据理论蕴藏量的大小划分为水能资源丰富、水能资源较丰富、具有水能开发价值、水能开发价值一般四个级别。

开展水电基地宏观选址与梯级开发方案研究时,应优先选取水能资源富集河段,并合理规避野生生物、自然遗迹等不宜开发的保护区占地,避免或减少对森林、耕地、湿地沼泽、城镇等地面覆盖物所在区域的淹没。考虑到欧洲水能资源特点,本报告采用适用于欧洲的主要水能资源评估技术指标和参数,见表1-2。

表 1-2　全球水能资源评估模型采用的主要技术指标和参数

类型	限制因素	阈值(全球)	阈值(欧洲)
河流(河段)开发价值评价	水能资源丰富	>30TWh	>5TWh
	水能资源较丰富	10~30TWh	3~5TWh
	具有水能开发价值	5~10TWh	1~3TWh
	水能开发价值一般	<5TWh	<1TWh
保护区限制	自然生态系统	尽量避免	
	野生生物类	不宜开发	
	自然遗迹类	不宜开发	
	自然资源类	尽量避免	
	其他保护区	尽量避免	
地物覆盖限制	树林	避免或减少淹没	
	耕地	避免或减少淹没	
	湿地沼泽	避免或减少淹没	
	大型城市	避免淹没	
	小型城市	避免或减少淹没	

2. 经济指标测算参数

清洁能源基地的投资水平是反映项目投资规模的直接量化指标,亦是进一步分析基地开发经济价值的基础。本报告综合多元线性回归预测法、基于深度自学习神经元网络算法的关联度分析预测法,建立了水电开发投资水平预测模型;采用平准化度电成本法,建立了水电开发成本计算模型。

1.2　资源评估

1.2.1　水系分布

欧洲水系流域众多，拥有多瑙河、莱茵河、易北河等多条世界著名河流，主要集中在南部和东南部。根据分析，欧洲流域面积超过 2 万 km^2 的一级河流共有 42 条，流域面积共约 664 万 km^2，占欧洲总面积约 65%。全洲主要河流水系分布情况如图 1-4 所示。

1.2.2　水文数据

水文数据用于描述河流、湖泊等水体的特征，包含降水、蒸发、下渗、水位、流量、泥沙、水质等内容，是涉水工程在规划、设计和施工阶段重要的基础资料，一般通过建立永久或临时的水文站点观测获取。本次研究的欧洲大陆，基于全球径流数据中心的基础数据，共包含了 2000 余座水文站的观测资料，除覆盖流域面积超过 2 万 km^2 的 42 条一级流域外，还覆盖了英国、爱尔兰、冰岛的一些流域。欧洲大陆主要水文站分布如图 1-5 所示。

在欧洲多条河流上选取全球径流数据中心提供的水文站实测年均径流数据与全球复合径流场数据集的模拟径流数据进行对比，见表 1-3。模拟数据和降水有较强的相关性，降水数据误差会影响模拟数据的精度；且模拟数据难以准确反映人类活动对径流造成的影响，比如蒸发、灌溉、供水、跨流域引水等，都是造成误差的主要来源。研究将对误差较大区域内 GRDC 水文观测站数据进行还原处理，将观测径流数据最大限度还原为河道天然状况下的径流数据，并采用还原后的观测站流量资料对径流场数据计进行修正。

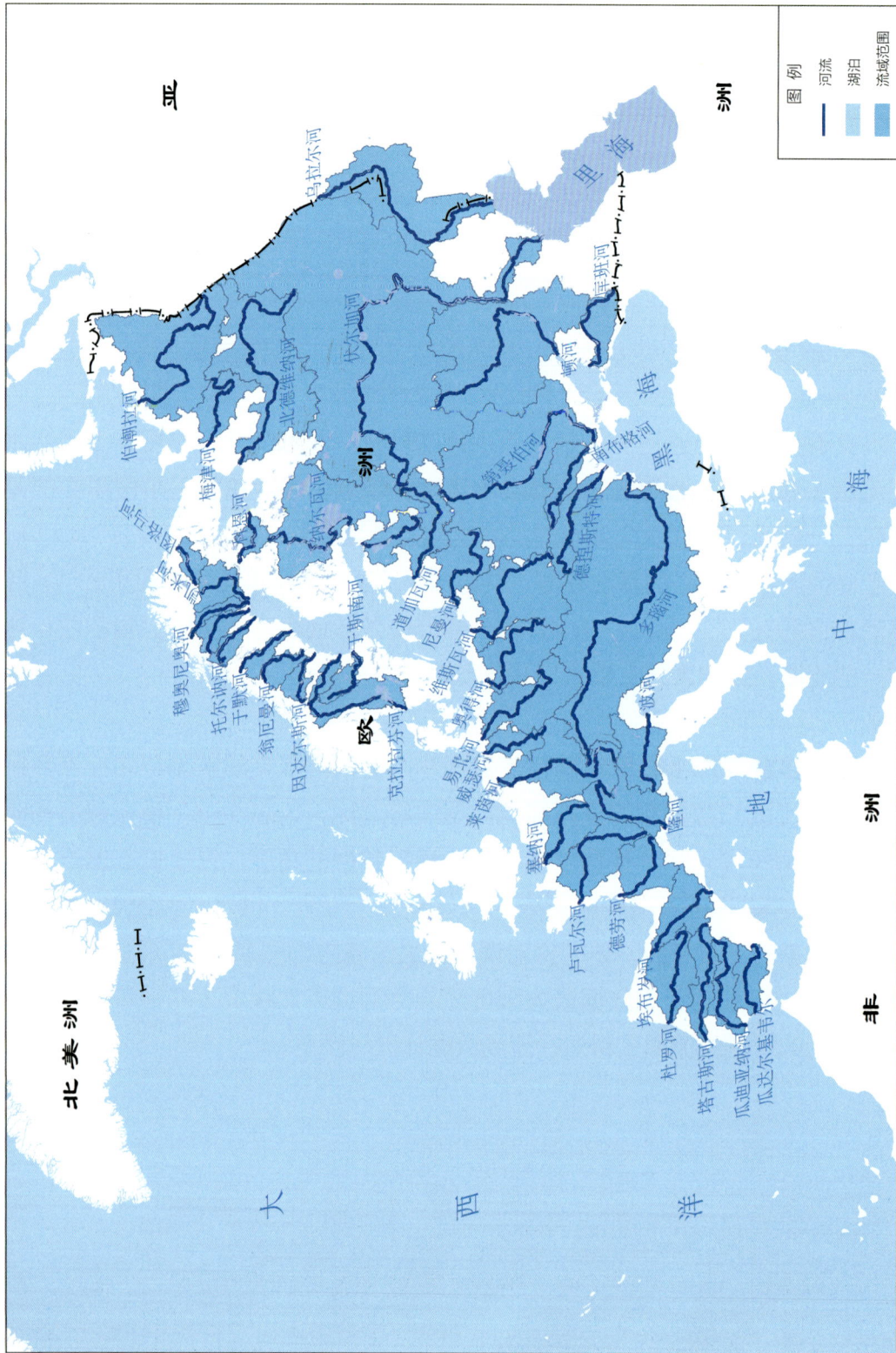

图 1-4　欧洲主要河流分布情况示意图

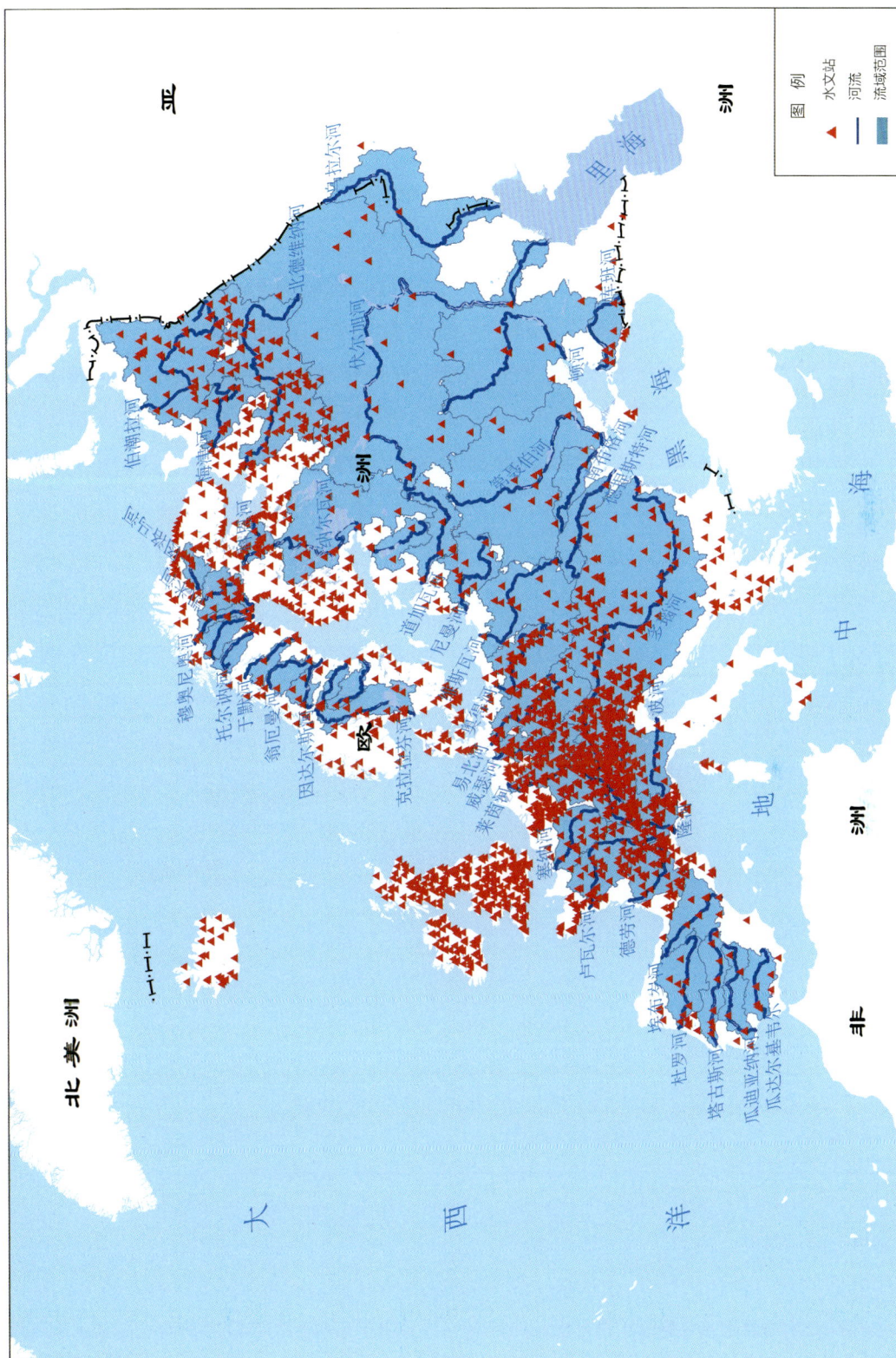

图1-5 欧洲主要水文站分布示意图

专栏 1-1　　　　　　**基于水文数据的河流特性分析**

1. 全球复合径流场数据集

本次研究利用全球径流数据中心（Global Runoff Data Centre, GRDC）的全球复合径流场数据集（Composite Runoff Fields），获取除南极洲以外所有大陆的径流场数据[1]。该数据集是基于全球径流数据中心收集的水文观测站资料和新罕布什尔大学发布的全球河网模拟数据（STN-30P），通过气候驱动的水量平衡模型（Climate-driven Water Balance Model, WBM）反向演算生成的 30 份（赤道处约 50km）空间分辨率的数据集，每一个格点可提供逐月与年径流量。这种复合径流场保留了流量测量的准确性，并模拟径流的时空分布，实现了对大范围内河流径流的统一、高分辨率的最佳模拟计算，适用于全球水能资源分析与建模。专栏 1-1 图 1 所示为 GRDC 全球年均径流深[2]分布图。

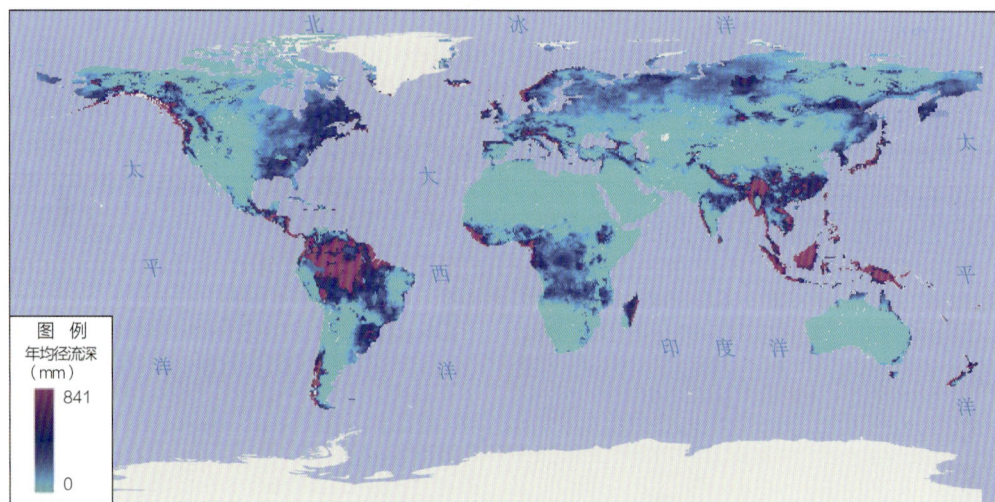

专栏 1-1 图 1　全球年均径流深分布图

---

[1] 资料来源：全球复合径流场数据集（Composite Runoff Fields）是由全球径流数据中心（Global Runoff Data Center, GRDC）和新罕布什尔大学（University of New Hampshire, UNH）于 2002 年联合发布。

[2] 径流深是指计算时段内某一过水断面上的径流总量平铺在断面以上流域面积上所得到的水层深度，年均径流深即为径流深的多年平均值。

2. 通过水文数据分析河流水文特性

通过多年、逐月的径流数据，可以分析一条河流的基本水文特性。例如多年平均流量、径流量、枯水期与丰水期的起止月、最大流量、最小流量出现的月份等信息，用于河流水能资源开发技术指标的计算。专栏1-1图2展示了伏尔加河的Volgo Grad水文站多年径流观测数据，可以看出该河段流量在年内和多年的变化情况。

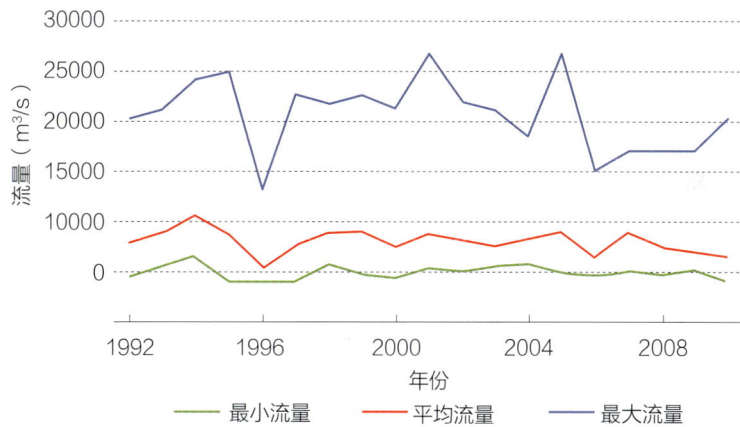

（a）伏尔加河 Volgo Grad 水文站多年径流观测数据

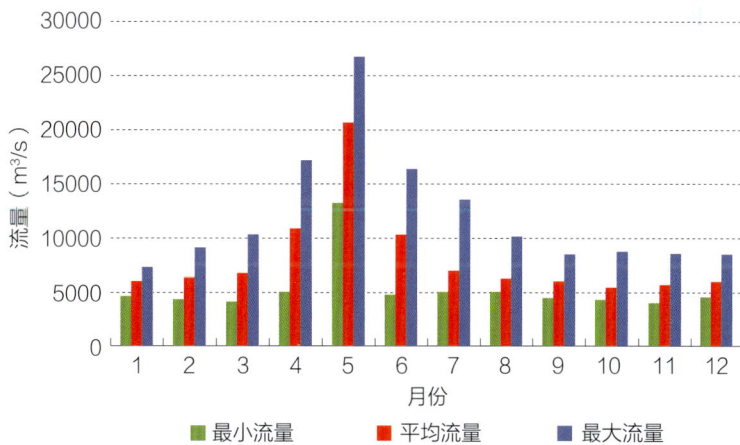

（b）伏尔加河 Volgo Grad 水文站逐月径流观测数据

专栏 1-1 图 2 伏尔加河的 Volgo Grad 水文站流量数据图

表 1-3　欧洲河流径流数据对比表

序号	河流名称	年均径流量观测值（m³/s）	年均径流量模拟值（m³/s）	误差（%）
1	伏尔加河	995.59	971.71	2.40
2	莱茵河	118.77	117.20	1.32
3	道加瓦河	242.65	241.35	0.54
4	多瑙河	27.04	24.59	9.06
5	波河	1538.62	1610.11	-4.65
6	塔古斯河	5.03	5.55	-10.31
7	维斯瓦河	12.87	12.70	1.32

1.2.3　地面覆盖物

地表覆盖决定了地表的辐射平衡、水流和其他物质搬运、地表透水性能等，其空间分布与变化是全球变化研究、地球系统模式研究、地理国（世）情监测和可持续发展规划等的重要基础性数据。在中国政府支持下，国家基础地理信息中心联合 18 家单位，研制出世界上首套 30m 分辨率的全球地表覆盖数据产品，包含耕地、森林、草地、城市、冰川等 10 个主要覆盖物分类[1]。2014 年 9 月，中国政府将这一产品赠送给联合国，供国际社会免费使用，以支持全球开展应对气候变化和可持续发展研究。

大型水电基地的开发建设应避免淹没大面积耕地以及人口密集的城市村庄，保护生态环境。因此，耕地和城市分布是影响水电资源开发的主要地表覆盖物限制性因素，其分布的情况如图 1-6 所示。

欧洲耕地覆盖率高，耕地主要分布于西部、中部、东部和南部地区，城市主要分布于西部地区。城市分布一定程度上反映了人口的聚集情况，在广域空间内城市与耕地的分布往往具有较好的趋同性。

---

[1] 资料来源：陈军，廖安平，陈晋，等. 全球 30m 地表覆盖遥感数据产品 -GlobeLand30[J]. 地理信息世界，2017，24（1）：1-8.

图1-6 欧洲耕地和城市分布情况示意图

图例
耕地农田
城市

1.2.4 地质条件

地质断层分布和历史地震频率数据是大型水电基地的开发与选址研究的重要参考因素，一般情况，构造板块边界、地质断层以及历史地震发生频率较高的区域不宜建设大型的水电项目。欧洲地质断层分布和历史地震情况示意图如图 1-7 所示。意大利、希腊等欧洲南部地中海沿岸地区历史地震高发，瑞士、奥地利、意大利北部、法国南部等部分地区地质构造较不稳定，这些区域的水电开发需要考虑地震的影响。

岩层类型及分布情况对于大型水电基地的开发与选址研究同样重要，一般情况，选取地质条件稳定，坝址与厂房附近无大型滑坡等地质灾害，大坝的建基面选取稳定、承载力强的基岩，如变质岩、火山岩。欧洲岩层分布情况示意图如图 1-8 所示。欧洲北部以酸性深成岩和变质岩为主，欧洲东部主要以混合沉积岩为主，欧洲中部以松散沉积岩为主，欧洲西部以混合沉积岩和碳酸盐沉积岩为主，欧洲南部以碳酸盐沉积岩和松散沉积岩分布为主。

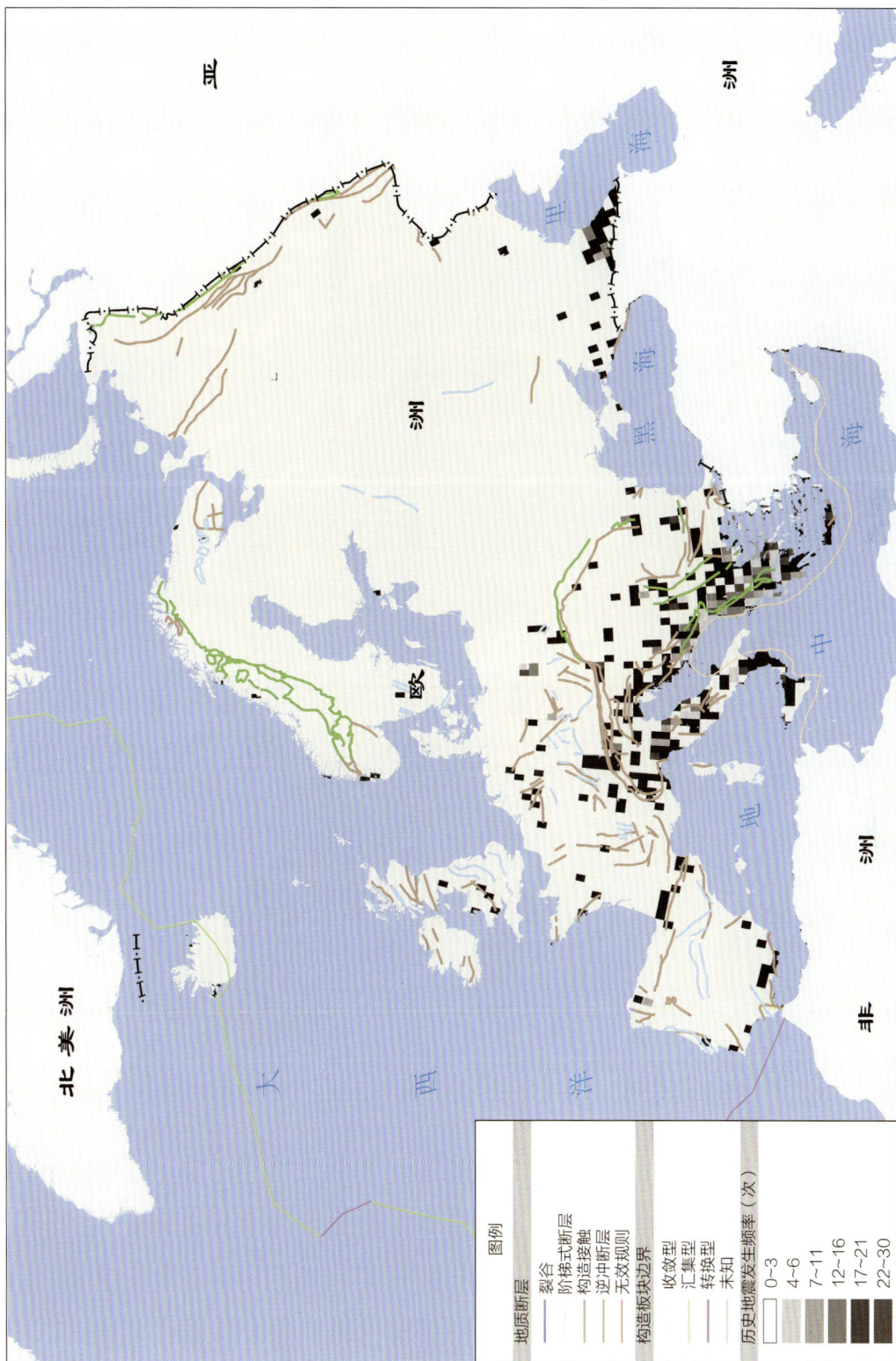

图 1-7 欧洲主要断层分布和历史地震情况示意图

图例

地质断层
　　裂合
　　阶梯式断层
　　构造接触
　　逆冲断层
　　无效规则
构造板块边界
　　收敛型
　　汇集型
　　转换型
　　未知
历史地震发生频率（次）
　　0~3
　　4~6
　　7~11
　　12~16
　　17~21
　　22~30

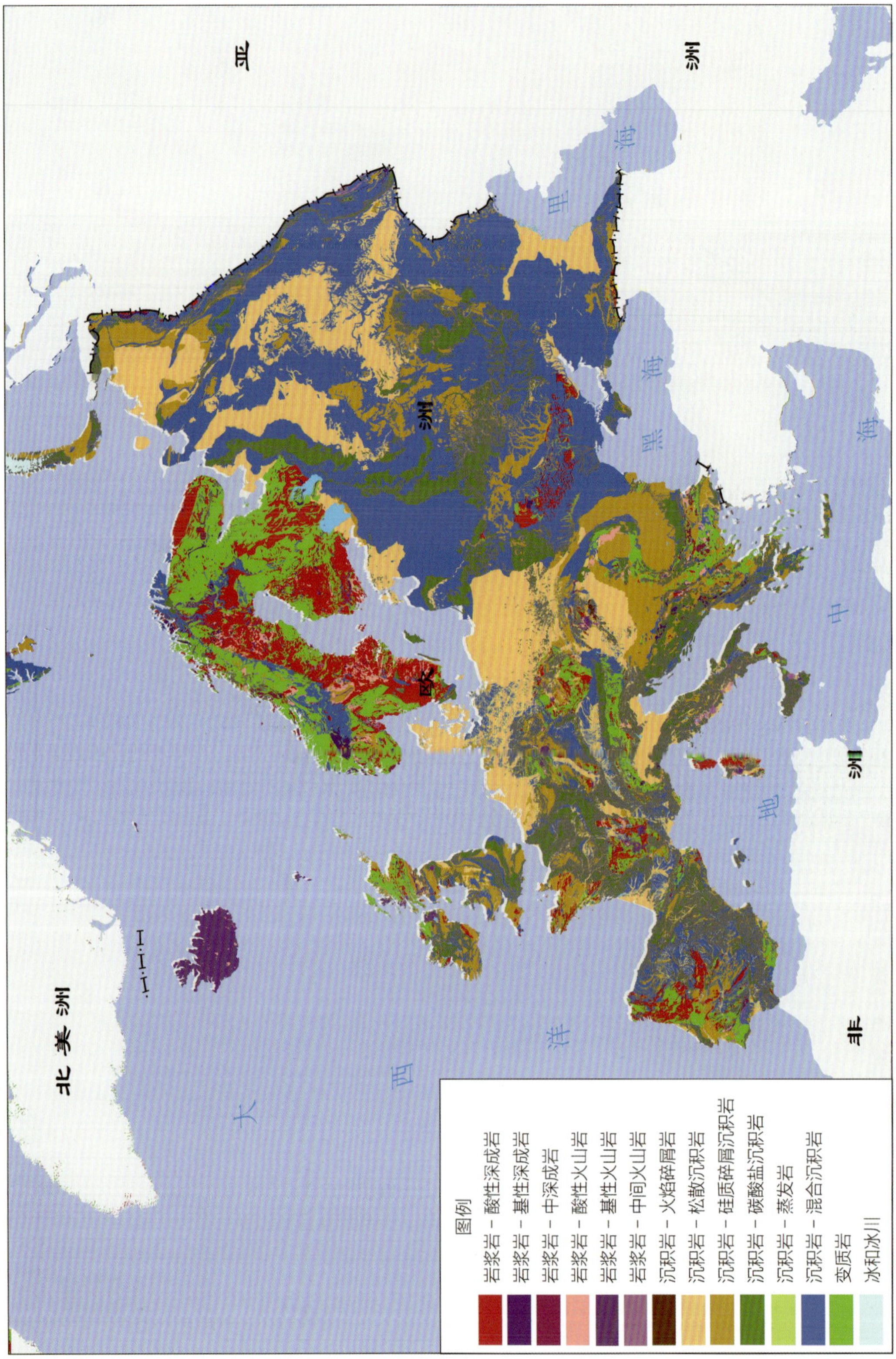

亚洲
欧洲
北美洲
非洲
大西洋
里海
黑海
地中海
图例
岩浆岩－酸性深成岩
岩浆岩－基性深成岩
岩浆岩－中深成岩
岩浆岩－酸性火山岩
岩浆岩－基性火山岩
岩浆岩－中间火山岩
沉积岩－火焰碎屑岩
沉积岩－松散沉积岩
沉积岩－硅质碎屑沉积岩
沉积岩－碳酸盐沉积岩
沉积岩－蒸发岩
沉积岩－混合沉积岩
变质岩
冰和冰川

图 1-8　欧洲主要岩层分布情况示意图

专栏 1-2　　　　　　　　　**岩层性质与水电开发**

岩石（Rock）是固体地壳的主要组成物质，岩石的坚硬程度和强度取决于成因类型、矿物成分和结构构造，其中稳定性好、强度高的岩体常作为建筑物地基、地下洞室围岩等的介质。

1. 岩浆岩

岩浆岩又称火成岩，是由地壳内的岩浆上升或喷发冷凝固化而成的岩石。深成岩形成于地表以下 3km，强度高、岩性均一、大岩体较完整、透水性小，常是较好的高坝坝基。火山岩由火山喷出地表形成，岩性较复杂，强度差别大，作为高坝地基需要进行详细的勘察研究。

2. 沉积岩

沉积岩是地壳演变过程中，在地表或接近地表的常温、常压条件下，各类先成母岩的风化产物经搬运、沉积和成岩作用形成的岩石。按其成分和搬运、沉积方式不同，分为碎屑岩、化学岩和生物岩。

（1）碎屑岩。按碎屑物粒径不同，可细分为砾岩、砂岩、泥岩等，其强度取决于成分、固结程度等，硅质、钙质胶结的岩石强度一般较高；泥质胶结的岩石强度较低。泥岩、页岩等一般不含水且隔水，可利用作为大坝的防渗依托。

（2）化学岩。经化学作用溶解物质的溶液经搬运、富集后沉积形成，硅质碎屑沉积岩、碳酸盐沉积岩和蒸发岩属于常见的化学岩。多具有可溶性，会造成水库、坝基渗漏，削弱地基强度甚至破坏地基，不宜建设水电工程。

（3）生物岩。生物作业形成或由生物残骸组成的岩石，在沉积岩占比很少，一般强度低，不宜建设水电工程。

3. 变质岩

变质岩是原始岩层经过物理化学改变生成的新岩石。变质岩一般由岩浆岩和沉积岩经变质作用形成，强度较高，是较好的地基岩体。

1.2.5 水能资源总述

欧洲水能资源理论蕴藏量在 50GWh 及以上的河流共计 3262 条,水能资源理论蕴藏量共计 4434TWh/a,占全球的 9.6%。报告对欧洲翁厄曼河、伏尔加河、维斯瓦河、塔古斯河、顿河、道加瓦河、第聂伯河、德涅斯特河、多瑙河、易北河、莱茵河、卢瓦尔河、波河等 13 个主要流域开展了水能资源的数字化评估测算,其分布如图 1-9 所示,流域面积 438.5 万 km²,占欧洲河流的 61%,覆盖了主要待开发的水能资源。

经过数字平台测算,欧洲主要流域的理论蕴藏量总和约 1944TWh/a,具体结果见表 1-4。

按照流域涉及国家开展国别统计评估,水能理论蕴藏量主要分布在奥地利、德国、罗马尼亚、俄罗斯、乌克兰等 30 个国家,其中奥地利水能资源理论蕴藏量最高,为 272.17TWh/a。具体结果见表 1-5。

表 1-4 欧洲 13 个流域水能资源理论蕴藏量

序号	流域名称	流域面积（万 km²）	理论蕴藏量（TWh/a）
1	翁厄曼河	3.1	66.35
2	维斯瓦河	172	123.21
3	伏尔加河	19	77.37
4	塔古斯河	7.1	68.78
5	顿河	44	33.78
6	道加瓦河	8.6	6.78
7	第聂伯河	49	69.87
8	德涅斯特河	7.2	50.03
9	多瑙河	80	1083.49
10	易北河	13	79.21
11	莱茵河	16	106.70
12	卢瓦尔河	12	100.89
13	波河	7.5	77.50
合计		438.5	1944.0

表 1-5　欧洲按国别统计的 13 个流域水能资源理论蕴藏量

单位：TWh/a

序号	国家名称	理论蕴藏量	流域
1	奥地利	272.17	多瑙河、莱茵河
2	德国	189.47	多瑙河、易北河、莱茵河
3	罗马尼亚	185.05	多瑙河
4	俄罗斯 *	158.13	伏尔加河、顿河、道加瓦河、第聂伯河
5	乌克兰	138.39	维斯瓦河、顿河、第聂伯河、德涅斯特河、多瑙河
6	塞尔维亚	135.90	多瑙河
7	法国	116.68	莱茵河、卢瓦尔河、波河
8	波斯尼亚和黑塞哥维那	88.51	多瑙河
9	波兰	74.66	维斯瓦河
10	意大利	69.75	莱茵河、波河
11	瑞典	65.36	翁厄曼河
12	保加利亚	56.22	多瑙河
13	斯洛伐克	55.49	维斯瓦河、多瑙河
14	斯洛文尼亚	52.04	多瑙河
15	瑞士	43.12	莱茵河、波河
16	捷克	41.57	多瑙河、易北河
17	克罗地亚	38.05	多瑙河
18	匈牙利	36.60	多瑙河
19	西班牙	36.50	塔古斯河
20	葡萄牙	32.28	塔古斯河
21	黑山	26.16	多瑙河
22	白俄罗斯	13.55	维斯瓦河、道加瓦河、第聂伯河
23	摩尔多瓦	8.66	德涅斯特河、多瑙河
24	拉脱维亚	4.81	道加瓦河
25	荷兰	1.93	莱茵河
26	列支敦士登	1.05	莱茵河
27	挪威	0.99	翁厄曼河
28	卢森堡	0.71	莱茵河
29	比利时	0.14	莱茵河
30	立陶宛	0.02	道加瓦河

注：* 统计的流域均在其领土的欧洲部分。

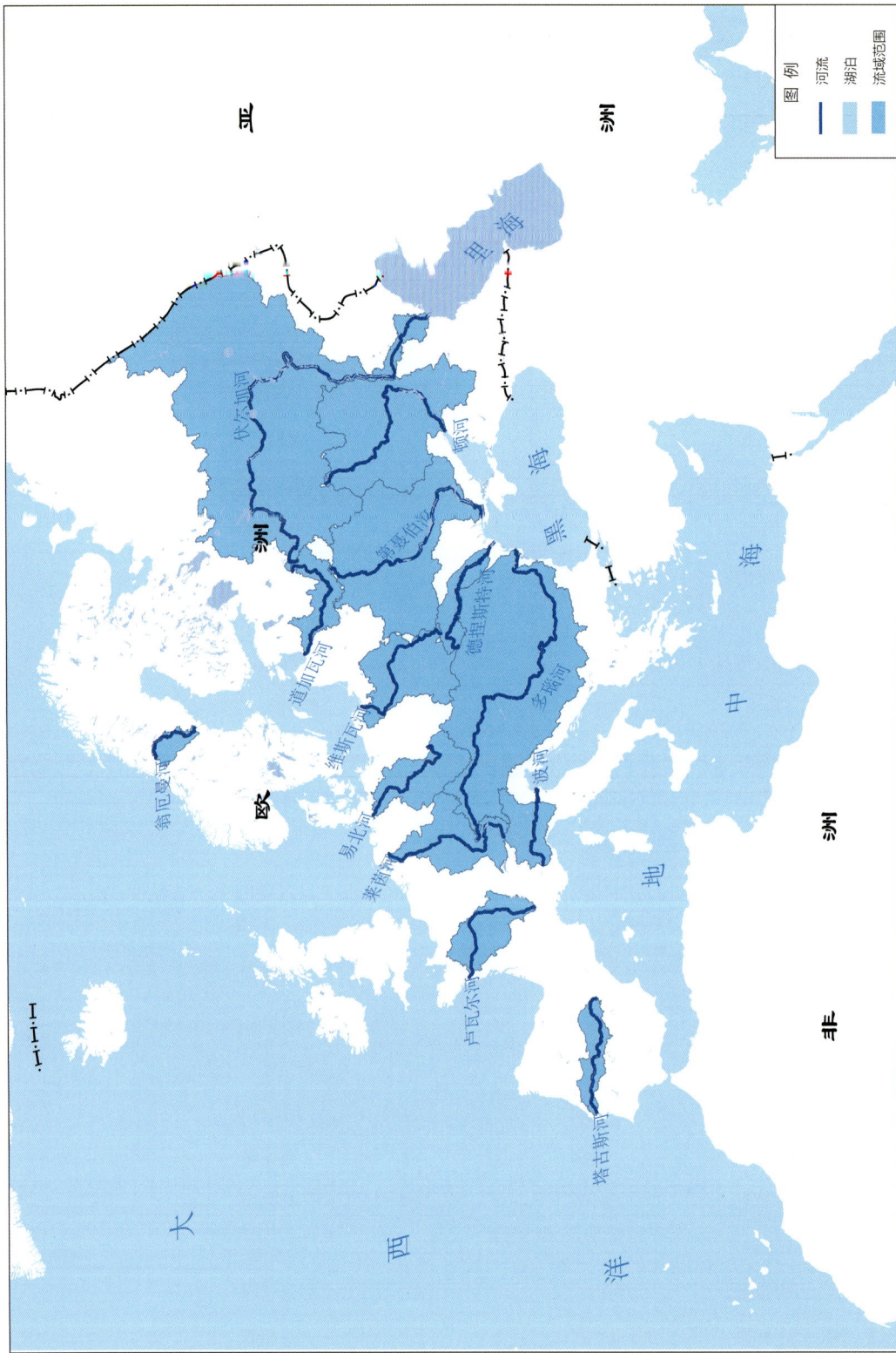

图 1-9　欧洲 13 个主要流域分布情况示意图

1.2.6 评估结果

本报告完成了欧洲 13 个流域的数字化水能资源评估，考虑地理分布，分别选取欧洲东部的伏尔加河、南部的塔古斯河、北部的翁厄曼河、中部的维斯瓦河等 4 个流域详述其干、支流水能资源评估的过程与结果。同时，考虑到系统性和完整性，报告给出了其他 9 个流域的评估结果。

1.2.6.1 伏尔加河流域

伏尔加河（Volga River）流域水能资源丰富。基于基础数据和算法模型，建立了伏尔加河数字化河网，河网总长度 181361km，覆盖面积 172万 km^2，蕴藏总量 123.21TWh/a。分析流域内具有水能开发价值（理论蕴藏量达 1TWh/a 以上）的河流（河段）52 条，共计 4929km；其中具有丰富水能资源（理论蕴藏量达 5TWh/a 以上）的河流（河段）6 条。流域分布如图 1–10所示。

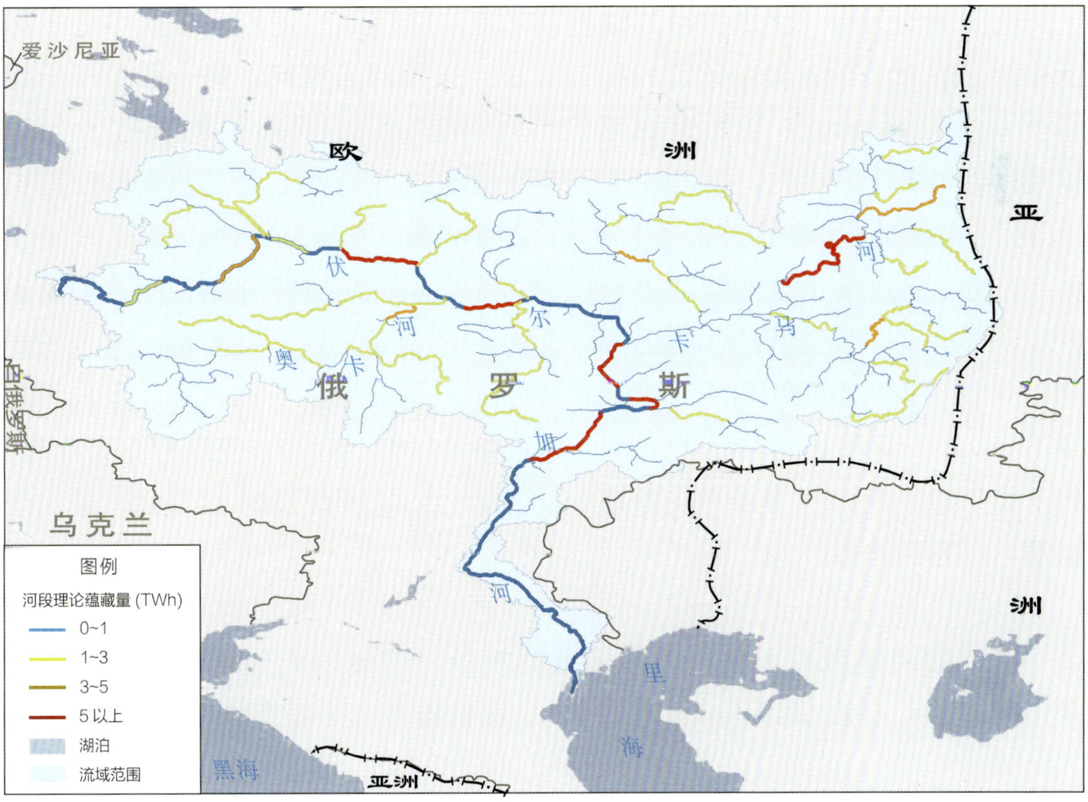

图 1–10　伏尔加河主要河流理论蕴藏量分布示意图

伏尔加河干流与主要支流河流长度、集雨面积以及水能理论蕴藏量的计算结果见表 1-6。伏尔加河流域水能资源主要分布于其干流，理论蕴藏量为 71.40TWh/a，占比为 57.95%；其次为卡马河（Kama），理论蕴藏量为 26.29TWh/a，占比 21.34%。

表 1-6　伏尔加河干流与主要支流理论蕴藏量

序号	河流名称	长度（km）	集雨面积（km²）	理论蕴藏量（TWh/a）
1	伏尔加河干流（Volga）	3507	1723310	71.40
2	莫洛加河（Mologa）	495	38690	1.36
3	舍克斯纳河（Sheksna）	639	59794	2.01
4	奥卡河（Oka）	1196	244332	9.19
5	卡马河（Kama）	1541	456562	26.29
6	其他	—	—	12.96
	伏尔加河总计	—	—	123.21

从流域河段看，伏尔加河流域具有丰富水能资源的河段主要集中在干流上中游和左岸支流。其中干流分布有 5 段，按照河流流向，第一段位于斯科特罗马（Kostroma）至尤里耶韦茨（Yuryevets），河段长约 186km，理论蕴藏量 18.75TWh/a；第二段位于克斯特沃（Kstovo）至瓦西里苏尔斯克（Vasil'sursk），河段长约 134km，理论蕴藏量 17.44TWh/a；第三段位于博尔加尔（Bolgar）至陶里亚蒂（Tolyatti），河段长约 173km，理论蕴藏量 63.29TWh/a；第四段位于陶里亚蒂（Tolyatti）至萨马拉（Samara），河段长约 93km，理论蕴藏量 23.10TWh/a；第五段位于塞兹兰（Syzran）至马克思镇（Marx），河段长约 247km，理论蕴藏量 41.10TWh/a。支流分布有 1 段，位于彼尔姆（Perm）至柴可夫斯基（Chaikovsky）河段长约 347km，理论蕴藏量 11.72TWh/a。

伏尔加河是俄罗斯境内河流。根据统计，流域内已建水电站 9 座，如 Volzhskaya、Zhigulevskaya 电站等，总装机容量 12842.5MW。

1.2.6.2　塔古斯河流域

塔古斯河（Tagus River）流域水能资源较好。基于基础数据和算法模型，建立了塔古斯河数字化河网，河网总长度 14236km，覆盖面积 7 万 km²，蕴藏总量 68.78TWh/a。分析流域内具有水能开发价值（理论蕴藏量达 1TWh/a 以上）的河流（河段）2 条，共计 74km。流域分布如图 1-11 所示。

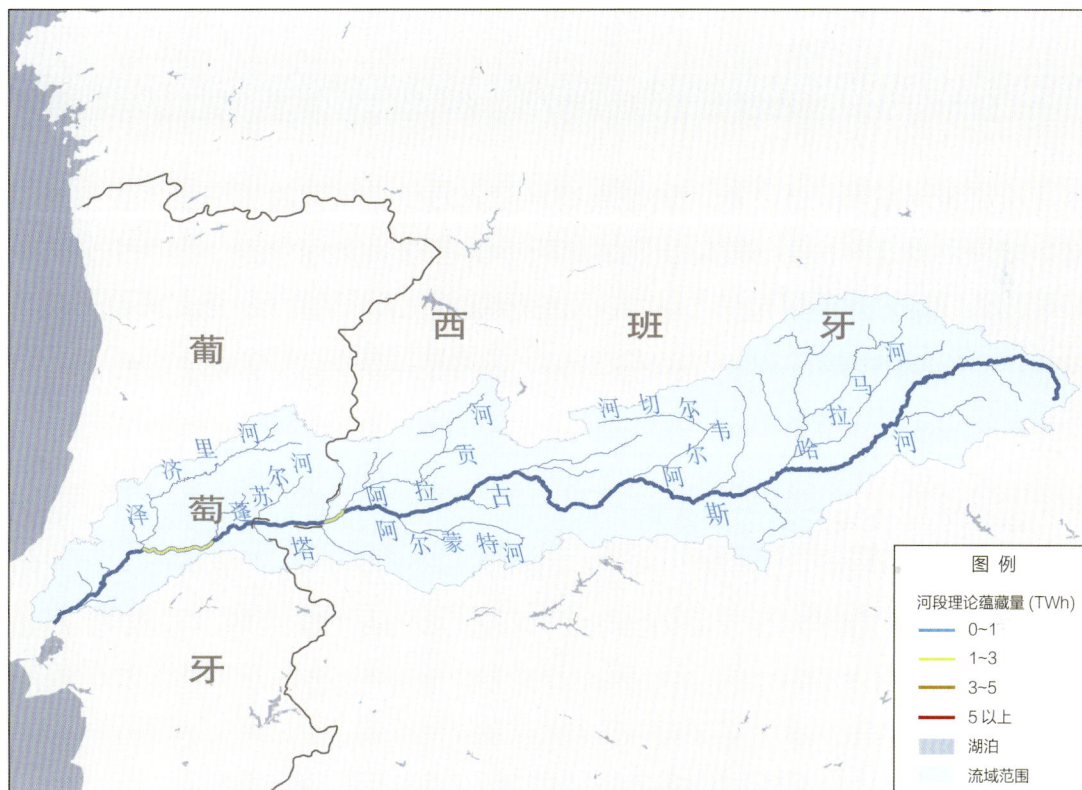

图 1-11　塔古斯河主要河流理论蕴藏量分布示意图

塔古斯河干流与主要支流河流长度、集雨面积以及水能理论蕴藏量的计算结果见表 1-7。塔古斯河流域水能资源主要分布于其干流，理论蕴藏量为 29.83TWh/a，占比为 43.37%；其次为泽济里河（Zezere River），理论蕴藏量为 12.38TWh/a，占比 18.00%。

表 1-7 塔古斯河干流与主要支流理论蕴藏量

序号	河流名称	长度（km）	集雨面积（km²）	理论蕴藏量（TWh/a）
1	塔古斯河干流（Tagus）	998	70808	29.83
2	哈拉马河（Jarama）	212	11551	5.53
3	阿尔韦尔切河（Alberche）	190	4099	1.67
4	阿尔蒙特河（Almonte）	138	2885	0.52
5	阿拉贡河（Aragon）	195	5418	7.05
6	蓬苏尔河（Ponsul）	86	1495	1.52
7	泽济里河（Zezere）	329	5059	12.38
8	其他	—	—	10.28
	塔古斯河总计	—	—	68.78

从流域河段看，塔古斯河流域具有水能开发价值的河段主要集中在干流下游。按照河流流向，第一段位于西班牙阿尔坎塔拉（Alcantara）至西班牙与葡萄牙国界线附近，河段长约 17km，理论蕴藏量 1.75TWh/a；第二段位于葡萄牙特茹河畔阿米埃拉（Amieira do Tejo）至康斯坦西亚（Constancia），河段长约 57km，理论蕴藏量 1.69TWh/a。

塔古斯河流域主要国家水能分布见表 1-8，塔古斯河流域 53.07% 的水能理论蕴藏量分布在西班牙，为 36.50TWh/a。根据统计，流域内已建水电站 29 座，如 Cedillo 3、Valdecanas 3、Volarque II 电站等，总装机容量2056.5MW。

表 1-8 按国别统计的塔古斯河流域河流长度与理论蕴藏量情况

序号	国家名称	河流名称	河流长度（km）	理论蕴藏量（TWh/a）
1	西班牙	塔古斯河干流（Tagus）	850	15.90
		哈拉马河（Jarama）	212	5.53
		阿尔韦尔切河（Alberche）	190	1.67
		阿尔蒙特河（Almonte）	138	0.52
		阿拉贡河（Aragon）	195	7.05
		其他	—	5.83
2	葡萄牙	塔古斯河干流（Tagus）	247	13.93
		蓬苏尔河（Ponsul）	86	1.52
		泽济里河（Zezere）	329	12.38
		其他	—	4.45

1.2.6.3　翁厄曼河流域

翁厄曼河（Angerman River）流域水能资源较好。基于基础数据和算法模型，建立了翁厄曼河数字化河网，河网总长度5503km，覆盖面积3.1万km²，蕴藏总量66.35TWh/a。分析流域内具有水能开发价值（理论蕴藏量达1TWh/a以上）的河流（河段）5条，共计341km。流域分布如图1-12所示。

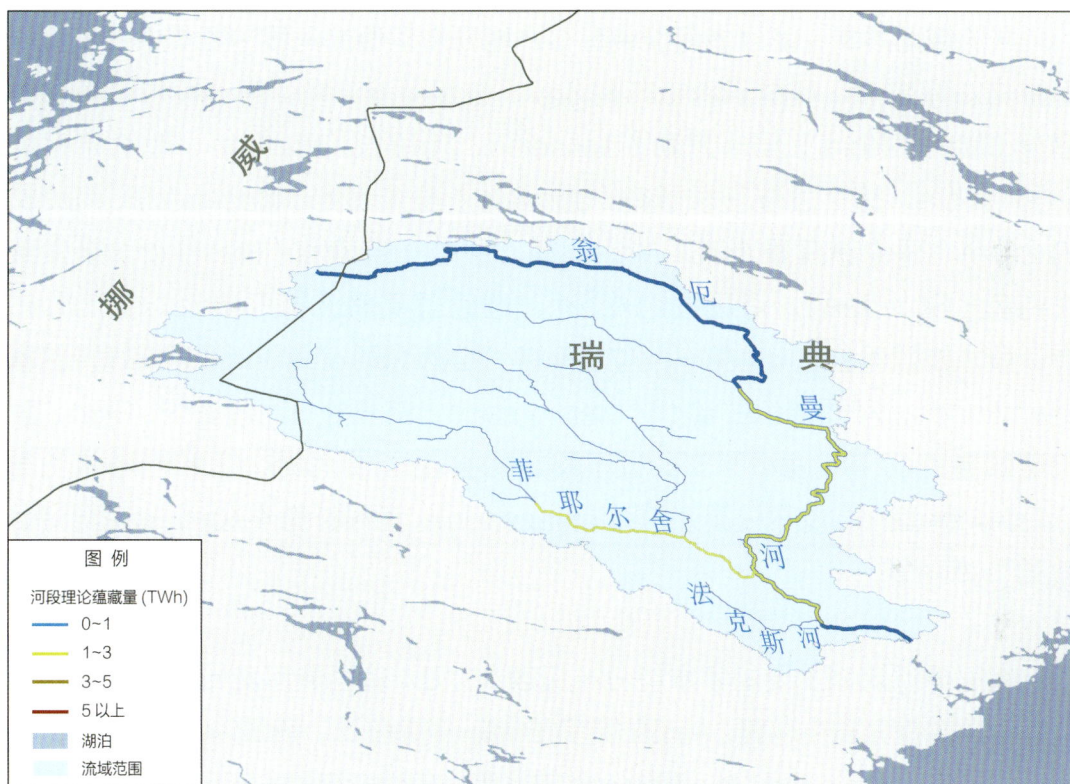

图1-12　翁厄曼河主要河流理论蕴藏量分布示意图

翁厄曼河干流与主要支流河流长度、集雨面积以及水能理论蕴藏量的计算结果见表1-9。翁厄曼河流域水能资源主要分布于其干流，理论蕴藏量为31.68TWh/a，占比为47.74%；其次为菲耶尔舍河（Fjallsjo River），理论蕴藏量为28.16TWh/a，占比42.43%。

表 1-9 翁厄曼河干流与主要支流理论蕴藏量

序号	河流名称	长度（km）	集雨面积（km²）	理论蕴藏量（TWh/a）
1	翁厄曼河干流（Angerman）	519	31396	31.68
2	菲耶尔舍河（Fjallsjo）	291	14997	28.16
3	法克斯河（Fax）	100	2307	1.16
4	其他	—	—	5.35
	翁厄曼河总计	—	—	66.35

从流域河段看，翁厄曼河流域具有水能开发价值的河段主要集中在干流中下游与右岸支流。其中干流分布有 3 段，按照河流流向，第一段位于梅瑟勒福什（Meselefors）至永瑟勒（Junsele），河段长约 164km，理论蕴藏量 2.06TWh/a；第二段位于永瑟勒（Junsele）至奈索克（Nasaker），河段长约 21km，理论蕴藏量 1.36TWh/a；第三段位于奈索克（Nasaker）至索莱夫特奥（Solleftea），河段长约 46km，理论蕴藏量 2.85TWh/a。支流分布有 2 段，按照河流流向，第一段位于斯特伦松德（Stromsund）至耶姆特兰省（Jamtlands）和西诺尔兰省（V sternorrland）交界处。河段长约 70km，理论蕴藏量 1.10TWh/a；第二段位于耶姆特兰省（Jamtlands）和西诺尔兰省（V sternorrland）交界处至奈索克（Nasaker），河段长约 40km，理论蕴藏量 2.29TWh/a。

翁厄曼河流域主要国家水能分布见表 1-10，翁厄曼河流域 98.50% 的水能理论蕴藏量分布在瑞典，为 65.36TWh/a。根据统计，流域内已建水电站 15 座，如 Kilforsem、Lasele、Forsmo 电站等，总装机容量 1265MW。

表 1-10 按国别统计的翁厄曼河流域河流长度与理论蕴藏量情况

序号	国家名称	河流名称	河流长度（km）	理论蕴藏量（TWh/a）
1	瑞典	翁厄曼河干流（Angerman）	513	31.65
		菲耶尔舍河（Fjallsjo）	291	27.19
		法克斯河（Fax）	100	1.16
		其他	—	5.35
2	挪威	翁厄曼河干流（Angerman）	6	0.03
		菲耶尔舍河（Fjallsjo）	0	0.96

1.2.6.4　维斯瓦河流域

维斯瓦河（Wisla River）流域水能资源较好。基于基础数据和算法模型，建立了维斯瓦河数字化河网，河网总长度 26909km，覆盖面积 19 万 km²，蕴藏总量 77.37TWh/a。分析流域内具有水能开发价值（理论蕴藏量达 1TWh/a 以上）的河流（河段）4 条，共计 261km。流域分布如图 1-13 所示。

图 1-13　维斯瓦河主要河流理论蕴藏量分布示意图

维斯瓦河干流与主要支流河流长度、集雨面积以及水能理论蕴藏量的计算结果见表 1-11。维斯瓦河流域水能资源主要分布于其干流，理论蕴藏量为 39.37TWh/a，占比为 50.88%；其次为杜纳耶茨河（Dunajec River），理论蕴藏量为 10.18TWh/a，占比 13.16%。

表 1-11　维斯瓦河干流与主要支流理论蕴藏量

序号	河流名称	长度（km）	集雨面积（km²）	理论蕴藏量（TWh/a）
1	维斯瓦河干流（Wisla）	1125	188895	39.37
2	布格河（Bug）	718	68976	6.46
3	维普日河（Wieprz）	279	12047	1.11
4	桑河（San）	448	17833	7.77
5	杜纳耶茨河（Dunajec）	220	6732	10.10
6	维斯沃卡河（Wislok）	174	3984	1.96
7	斯卡瓦河（Skawa）	87	1162	0.78
8	尼达河（Nida）	142	3866	0.38
9	皮利察河（Pilica）	308	9266	1.54
10	德尔文察河（Drweca）	183	6079	0.77
11	布尔达河（Brda）	199	4177	1.18
12	布楚拉河（Bzura）	123	5911	0.43
13	其他	—	—	5.44
	维斯瓦河总计	—	—	77.37

从流域河段看，维斯瓦河流域具有水能开发价值的河段主要集中在干流下游和左岸支流。其中干流分布有 3 段，按照河流流向，第一段位于马佐夫舍地区新庄园（Nowy Dwor Mazowiecki）至维绍格鲁德（Wyszogród），河段长约 34km，理论蕴藏量 1.14TWh/a；第二段位于弗沃茨韦瓦克（Wroclawek）至托伦（Torun），为泰国和老挝界河，河段长约 53km，理论蕴藏量 1.28TWh/a；第三段位于福顿（Fordon）至诺韦（Nowe），河段长约 81km，理论蕴藏量 1.66TWh/a。支流分布有 1 段，位于维尔加（Wilga）至马佐夫舍地区新庄园（Nowy Dwor Mazowiecki），河段长约 93km，理论蕴藏量 1.05TWh/a。

维斯瓦河流域主要国家水能分布见表 1-12，维斯瓦河流域 96.50% 的水能理论蕴藏量分布在波兰，为 74.66TWh/a。根据统计，流域内已建水电站 4 座，如 Solina 电站等，总装机容量 915.7MW。

表 1-12　按国别统计的维斯瓦河流域河流长度与理论蕴藏量情况

序号	国家名称	河流名称	河流长度（km）	理论蕴藏量（TWh/a）
1	波兰	维斯瓦河干流（Wisla）	1125	39.37
		布格河（Bug）	547	5.63
		维普日河（Wieprz）	279	1.11
		桑河（San）	448	7.52
		杜纳耶茨河（Dunajec）	229	8.56
		维斯沃卡河（Wislok）	174	1.96
		斯卡瓦河（Skawa）	87	0.78
		尼达河（Nida）	142	0.38
		皮利察河（Pilica）	308	1.54
		德尔文察河（Drweca）	183	0.77
		布尔达河（Brda）	199	1.18
		布楚拉河（Bzura）	123	0.43
		其他		5.44
2	乌克兰	布格河（Bug）	323	0.43
		桑河（San）	44	0.25
3	白俄罗斯	布格河（Bug）	129	0.40
4	斯洛伐克	杜纳耶茨河（Dunajec）	9	1.62

1.2.6.5　顿河流域

顿河（Don River）流域水能资源较好。基于基础数据和算法模型，建立了顿河数字化河网，河网总长度 53553km，覆盖面积 44 万 km²，蕴藏总量 33.78TWh/a。分析流域内具有水能开发价值（理论蕴藏量达 1TWh/a 以上）的河流（河段）2 条，共计 366km。

顿河干流与主要支流河流长度、集雨面积以及水能理论蕴藏量的计算结果见表 1-13。顿河流域水能资源主要分布于其干流，理论蕴藏量为 13.51TWh/a，占比为 39.98%；其次为北顿涅茨河（North donets River），理论蕴藏量为 7.33TWh/a，占比 21.71%。顿河流域的主要国家有俄罗斯和乌克兰，超过 90% 的水能蕴藏量分布在俄罗斯。

表 1-13　顿河干流与主要支流理论蕴藏量

序号	河流名称	长度（km）	集雨面积（km²）	理论蕴藏量（TWh/a）
1	顿河干流（Don）	1671	439004	13.51
2	马内奇河（Manych）	258	50311	1.55
3	萨尔河（Sal）	501	21263	0.50
4	梅德韦季察河（Medveditsa）	641	35122	2.72
5	霍皮奥尔河（Khopyor）	785	60000	3.32
6	北顿涅茨河（North donets）	909	99255	7.33
7	索斯纳河（Sosna）	247	17191	0.67
8	沃罗涅日河（Voronezh）	361	21168	0.60
9	伊洛夫利亚河（Ilovlia）	281	9390	0.52
10	奇尔河（Chir）	334	12854	0.49
11	克拉西瓦亚梅恰河（Krasivaya Mecha）	143	6057	0.24
12	乔尔纳亚卡力特瓦河（Chyornaya Kalitva）	139	5764	0.13
13	其他	—	—	2.20
	顿河总计	—	—	33.78

1.2.6.6　道加瓦河流域

道加瓦河（Daugava River）流域水能资源一般。基于基础数据和算法模型，建立了道加瓦河数字化河网，河网总长度 17229km，覆盖面积 8.6 万 km²，蕴藏总量 6.78TWh/a。分析流域内具有水能开发价值（理论蕴藏量达 1TWh/a 以上）的河流（河段）1 条，共计 2.2km。

道加瓦河干流与主要支流河流长度、集雨面积以及水能理论蕴藏量的计算结果见表 1-14。道加瓦河流域水能资源主要分布于其干流，理论蕴藏量为 5.14TWh/a，占比为 75.80%；其次为德里萨河（Drissa River），理论蕴藏量为 0.29TWh/a，占比 4.29%。道加瓦河流域的主要国家有拉脱维亚、白俄罗斯、俄罗斯和立陶宛，水能蕴藏量最丰富的国家是拉脱维亚，其次为白俄罗斯。

表 1-14　道加瓦河干流与主要支流理论蕴藏量

序号	河流名称	长度（km）	集雨面积（km²）	理论蕴藏量（TWh/a）
1	道加瓦河干流（Daugava）	1020	86026	5.14
2	艾维耶克斯泰河（Aiviekste）	176	8037	0.27
3	季斯纳河（Disna）	163	7993	0.20
4	德里萨河（Drissa）	182	6430	0.29
5	乌拉河（Ulla）	168	3491	0.13
6	苗扎河（Mezha）	184	9896	0.11
7	卡斯普利亚（Kasplya）	224	4947	0.10
8	其他	—	—	0.54
道加瓦河总计		—	—	6.78

1.2.6.7　第聂伯河流域

第聂伯河（Dnieper River）流域水能资源较好。基于基础数据和算法模型，建立了第聂伯河数字化河网，河网总长度 28914km，覆盖面积 49 万 km²，蕴藏总量 69.87TWh/a。分析流域内具有水能开发价值（理论蕴藏量达 1TWh/a 以上）的河流（河段）4 条，共计 290km。

第聂伯河干流与主要支流河流长度、集雨面积以及水能理论蕴藏量的计算结果见表 1-15。第聂伯河流域水能资源主要分布于其干流，理论蕴藏量为 42.10TWh/a，占比为 60.25%；其次为普里皮亚季河（Pripyat River），理论蕴藏量为 8.68TWh/a，占比 12.43%。第聂伯河流域的主要国家有乌克兰、白俄罗斯和俄罗斯，近 80% 的水能蕴藏量分布在乌克兰。

表 1-15　第聂伯河干流与主要支流理论蕴藏量

序号	河流名称	长度（km）	集雨面积（km²）	理论蕴藏量（TWh/a）
1	第聂伯河干流	1611	491920	42.10
2	杰斯纳河（Desna）	832	87521	6.99
3	普里皮亚季河（Pripyat）	728	114357	8.68
4	索日河（Sozh）	393	41405	2.19
5	印古列茨河（Ingulets）	418	16213	0.70
6	别列津纳河（Berezina）	412	25617	2.00
7	德鲁蒂河（Drut）	183	5292	0.21
8	捷捷列夫河（Teterev）	294	15414	0.95

续表

序号	河流名称	长度（km）	集雨面积（km²）	理论蕴藏量（TWh/a）
9	罗西河（Ros）	314	13475	0.60
10	苏拉河（Sula）	347	19693	0.63
11	普肖尔河（Psel）	529	23488	1.40
12	沃尔斯克拉河（Vorskla）	398	14641	0.67
13	奥列利河（Orel）	275	9812	0.35
14	萨马拉河（Samara）	223	22592	1.48
15	其他	—	—	0.92
第聂伯河总计		—	—	69.87

1.2.6.8 德涅斯特河流域

德涅斯特河（Dniester River）流域水能资源较好。基于基础数据和算法模型，建立了德涅斯特河数字化河网，河网总长度12043km，覆盖面积7.2万km²，蕴藏总量50.03TWh/a。分析流域内具有水能开发价值（理论蕴藏量达1TWh/a以上）的河流（河段）2条，共计131km。

德涅斯特河干流与主要支流河流长度、集雨面积以及水能理论蕴藏量的计算结果见表1-16。德涅斯特河流域水能资源主要分布于其干流，理论蕴藏量为23.81TWh/a，占比为47.60%；其次为利姆尼齐亚河（Limnitsya River），理论蕴藏量为6.85TWh/a，占比13.70%。德涅斯特河流域的主要国家有乌克兰和摩尔多瓦，超过80%的水能蕴藏量分布在乌克兰。

表 1-16　德涅斯特河干流与主要支流理论蕴藏量

序号	河流名称	长度（km）	集雨面积（km²）	理论蕴藏量（TWh/a）
1	德涅斯特河干流（Dniester）	1205	71694	23.81
2	斯特雷河（Streiy）	212	3023	3.68
3	鲁特河（Răut）	258	7775	0.07
4	波特纳河（Botna）	129	1519	0.02
5	佐洛塔亚利帕河（Zolotaya Lipa）	118	1387	0.11
6	斯特雷帕河（Streipa）	122	3110	0.26
7	锡雷特河（Seret）	214	3904	0.48
8	兹伯鲁奇河（Zbruts）	207	3369	0.57
9	斯莫特里奇河（Smotrits）	148	1791	0.33

序号	河流名称	长度（km）	集雨面积（km²）	理论蕴藏量（TWh/a）
10	穆拉法河（Murafa）	154	2430	0.40
11	比斯特里奇亚河（Bistrikia）	136	2526	5.05
12	斯维恰河（Svitsa）	121	1608	5.46
13	利姆尼齐亚河（Limnitsya）	139	1528	6.85
14	其他	—	—	2.94
德涅斯特河总计		—	—	50.03

1.2.6.9　多瑙河流域

多瑙河（Danube River）流域水能资源丰富。基于基础数据和算法模型，建立了多瑙河数字化河网，河网总长度 75650km，覆盖面积 80 万 km²，蕴藏总量 1083.49TWh/a。分析流域内具有水能开发价值（理论蕴藏量达 1TWh/a 以上）的河流（河段）42 条，共计 6517km。

多瑙河干流与主要支流河流长度、集雨面积以及水能理论蕴藏量的计算结果见表 1-17。多瑙河流域水能资源主要分布于其干流，理论蕴藏量为 287.41TWh/a，占比为 26.53%；其次为萨瓦河（Sava River），理论蕴藏量为 224.35TWh/a，占比 20.71%。多瑙河流域的主要国家有奥地利、罗马尼亚、塞尔维亚、德国、波斯尼亚和黑塞哥维那、保加利亚、斯洛伐克、斯洛文尼亚、乌克兰、匈牙利、克罗地亚、黑山、捷克、摩尔多瓦，水能蕴藏量最丰富的国家是奥地利，其次为罗马尼亚。

表 1-17　多瑙河干流与主要支流理论蕴藏量

序号	河流名称	长度（km）	集雨面积（km²）	理论蕴藏量（TWh/a）
1	多瑙河（Danube）	2902	796651	287.41
2	因河（Inn）	512	26006	108.43
3	特劳恩河（Traun）	170	10741	33.75
4	摩拉瓦河（Morava）	316	26475	6.62
5	瓦赫河（Vah）	415	13915	17.94
6	德拉瓦河（Drava）	684	40755	72.39
7	蒂萨河（Tisza）	972	159661	77.47
8	萨瓦河（Sava）	748	94779	224.35

续表

序号	河流名称	长度（km）	集雨面积（km²）	理论蕴藏量（TWh/a）
9	大摩拉瓦河（Grand Morava）	523	38318	44.28
10	奥尔特河（Olt）	629	24169	35.11
11	锡雷特河（Siret）	602	42356	29.56
12	普鲁特河（Prut）	714	28433	18.65
13	其他	—	—	127.53
多瑙河总计		—	—	1083.49

1.2.6.10　易北河流域

易北河（Elbe River）流域水能资源较好。基于基础数据和算法模型，建立了易北河数字化河网，河网总长度 12043km，覆盖面积 13 万 km²，蕴藏总量 79.21TWh/a。分析流域内具有水能开发价值（理论蕴藏量达 1TWh/a 以上）的河流（河段）2 条，共计 269km。

易北河干流与主要支流河流长度、集雨面积以及水能理论蕴藏量的计算结果见表 1-18。易北河流域水能资源主要分布于其干流，理论蕴藏量为 26.40TWh/a，占比为 33.33%；其次为伏尔塔瓦河（Vltava River），理论蕴藏量为 19.30TWh/a，占比 24.37%。易北河流域的主要国家有德国和捷克，约 54% 的水能蕴藏量分布在德国。

表 1-18　易北河干流与主要支流理论蕴藏量

序号	河流名称	长度（km）	集雨面积（km²）	理论蕴藏量（TWh/a）
1	易北河（Elbe）	994	132996	26.40
2	伏尔塔瓦河（Vltava）	398	28165	19.30
3	奥赫热河（Ohre）	243	5947	5.24
4	施瓦策埃尔斯特河（Schwarze Elster）	191	5290	0.33
5	穆尔德河（Mulde）	273	7267	6.33
6	萨勒河（Saale）	373	23212	12.00
7	哈弗尔河（Havel）	358	19080	0.30
8	其他	—	—	9.31
易北河总计		—	—	79.21

1.2.6.11 莱茵河流域

莱茵河（Rhine River）流域水能资源丰富。基于基础数据和算法模型，建立了莱茵河数字化河网，河网总长度 29911km，覆盖面积 16 万 km²，蕴藏总量 106.70TWh/a。分析流域内具有水能开发价值（理论蕴藏量达 1TWh/a 以上）的河流（河段）2 条，共计 125km。

莱茵河干流与主要支流河流长度、集雨面积以及水能理论蕴藏量的计算结果见表 1-19。莱茵河流域水能资源主要分布于其干流，理论蕴藏量为 47.82TWh/a，占比为 44.81%；其次为阿勒河（Aare River），理论蕴藏量为 22.94 TWh/a，占比 21.50%。莱茵河流域的主要国家有德国、瑞士、法国、奥地利、荷兰、列支敦士登、卢森堡、比利时、意大利，水能蕴藏量最丰富的的国家是德国，其次为瑞士。

表 1-19　莱茵河干流与主要支流理论蕴藏量

序号	河流名称	长度（km）	集雨面积（km²）	理论蕴藏量（TWh/a）
1	莱茵河（Rhine）	1282	163121	47.82
2	图尔河（Thur）	135	1803	2.30
3	阿勒河（Aare）	292	17549	22.94
4	内卡尔河（Neckar）	357	14124	3.11
5	美因河（Main）	569	27995	2.54
6	纳厄河（Nahe）	113	4086	0.43
7	兰河（Lahn）	220	5918	0.68
8	摩泽尔河（Mosel）	533	28168	5.82
9	鲁尔河（Ruhr）	195	4500	2.09
10	其他			18.97
莱茵河总计		—	—	106.70

1.2.6.12 卢瓦尔河流域

卢瓦尔河（Loire River）流域水能资源丰富。基于基础数据和算法模型，建立了卢瓦尔河数字化河网，河网总长度 17565km，覆盖面积 12 万 km²，蕴藏总量 100.89TWh/a。分析流域内具有水能开发价值（理论蕴藏量达 1TWh/a 以上）的河流（河段）2 条，共计 469km。

卢瓦尔河干流与主要支流河流长度、集雨面积以及水能理论蕴藏量的计算结果见表 1-20。卢瓦尔河流域水能资源主要分布于其干流，理论蕴藏量为 36.12TWh/a，占比为 35.81%；其次为阿列河（Allier River），理论蕴藏量为 26.87TWh/a，占比 26.64%。卢瓦尔河是法国境内河流。

表 1-20 卢瓦尔河干流与主要支流理论蕴藏量

序号	河流名称	长度（km）	集雨面积（km²）	理论蕴藏量（TWh/a）
1	卢瓦尔河干流（Loire）	1012	115676	36.12
2	阿列河（Allier）	409	14336	26.87
3	谢尔河（CherCo）	327	13567	6.00
4	维埃纳河（Vienne）	378	21137	19.56
5	曼恩河（Maine）	189	20649	2.94
6	其他	—	—	9.40
	卢瓦尔河总计	—	—	100.89

1.2.6.13 波河流域

波河（Po River）流域水能资源较好。基于基础数据和算法模型，建立了波河数字化河网，河网总长度 15705km，覆盖面积 7.5 万 km²，蕴藏总量 77.50TWh/a。分析流域内具有水能开发价值（理论蕴藏量达 1TWh/a 以上）的河流（河段）11 条，共计 1139km。

波河干流与主要支流河流长度、集雨面积以及水能理论蕴藏量的计算结果见表 1-21。波河流域水能资源主要分布于提契诺河（Ticino River），理论蕴藏量为 16.37TWh/a，占比为 21.13%；其次为多拉巴尔泰阿河（DoraBaltea River），理论蕴藏量为 12.16TWh/a，占比 15.69%。波河流域的主要国家有意大利、瑞士和法国，约 90% 的水能蕴藏量分布在意大利。

表 1-21　波河干流与主要支流理论蕴藏量

序号	河流名称	长度（km）	集雨面积（km²）	理论蕴藏量（TWh/a）
1	波河干流（Po）	681	75265	9.08
2	多拉巴尔泰阿河（DoraBaltea）	174	3894	12.16
3	塞西亚河（Sesia）	171	3102	2.99
4	提契诺河（Ticino）	249	7940	16.37
5	兰布罗河（Lambro）	125	1609	0.39
6	阿达河（Adda）	302	8073	11.29
7	奥廖河（Oglio）	239	4510	2.83
8	明乔河（Mincio）	225	4644	3.16
9	塔纳罗河（Tarano）	233	8946	5.32
10	蒂多内河（Tidone）	60	286	0.07
11	特雷比亚河（Trebbia）	110	1121	0.44
12	塔罗河（Taro）	136	1949	0.81
13	恩扎河（Enza）	152	2794	1.59
14	塞基亚河（Sekia）	141	1590	1.79
15	帕纳罗河（Panaro）	167	3995	1.46
16	其他	—	—	7.75
波河总计		—	—	77.50

1.2.7　开发情况

欧洲水能资源开发比例较高，水电装机缓慢增长。2018 年总装机容量达到 221.2GW，欧洲历年水电总装机容量如图 1-14（a）所示[1]。其中，挪威、法国、意大利、西班牙、瑞典和瑞士装机容量较大，分别为 34.2、25.6、22.8、20.4、16.2GW 和 15.5GW，发电量分别为 138.9、77.2、49.1、45.7、62.2TWh 和 37.4TWh。其中法国抽水蓄能电站装机最大，为 5.02GW，具体情况见表 1-22[2]。图 1-14（b）给出了欧洲主要国家历年水电装机容量，由图可知，2010—2018 年，挪威和瑞士水电装机容量增长较快，挪威最大的水电站 Kvilldal，装机容量 1444MW；瑞士最大的水电站 Bieudron，装机容量 1285MW，于 2016 年新建 Limmern 水电站，装机容量 1000MW。

---

[1] 资料来源：International Renewable Energy Agency. Renewable capacity statistics 2019[R]. Abu Dhabi:

[2] 资料来源：彭博社. 全球装机和发电量统计 [EB/OL]，2020-02-24.

表 1-22 2018 年欧洲主要国家水电开发情况

国家	水电装机容量（MW）	水电发电量（GWh）
挪威	34233（抽水蓄能 1439）	138889
法国	25572（抽水蓄能 5020）	77242
意大利	22803（抽水蓄能 3940）	49074
西班牙	20378（抽水蓄能 3329）	45724
瑞典	16155	62187
瑞士	15480（抽水蓄能 3089）	37428

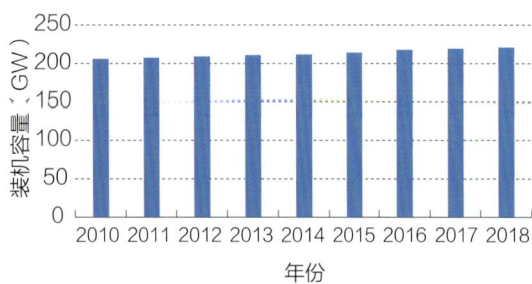

（a）欧洲历年水电总装机容量　　（b）欧洲主要国家历年水电装机容量

图 1-14 欧洲水电装机容量

根据 IRENA 统计，2010—2018 年，欧洲水电加权平均的初投资水平有所下降，从 3800 美元 / kW 降至 1900 美元 / kW。欧洲水电加权平均的度电成本为 13~19 美分 /kWh[1]，是部分欧洲国家重要的电力供应方式。

欧洲水能开发起步早，绝大多数水能资源集中、开发条件较好的河段已经开发或已完成详细的开发方案研究，因此本报告不再开展欧洲河流水电梯级的开发方案研究工作。

---

[1] 资料来源：International Renewable Energy Agency. Renewable Power Cost in 2018[R]. Abu Dhabi: IRENA, 2019.

2 风能资源评估与开发

欧洲风能资源丰富，主要集中在海上。本报告对欧洲 46 个国家和地区进行了评估，测算得出欧洲陆上风能理论蕴藏总量 213.2PWh/a，海上风能理论蕴藏量可达 776.6PWh/a。适宜陆上集中式开发的装机规模 3910.9GW，主要集中在俄罗斯西北部、英国北部、挪威北部和冰岛，年发电量 10.6PWh；适宜海上集中式开发的装机规模 25.3TW，主要集中在北海、波罗的海、挪威海、格陵兰和冰岛海域以及巴伦支海。综合考虑资源特性和开发条件，采用数字化平台，开展了英国安格斯风电基地、英国东部海上风电基地、比利时海上风电基地、荷兰海上风电基地等 17 个大型风电基地的选址开发方案研究，提出了主要技术和经济性指标，总装机规模 158.16GW。

2.1 方法与数据

风能是空气流动所产生的动能，是太阳能的一种转化形式。由于太阳辐射造成地球表面各部分受热不均匀，引起大气层中压力分布不平衡，在水平气压梯度作用下，空气沿水平方向运动形成风。风资源评估基础数据主要包括资源类数据、地理信息类数据以及人类活动和经济性资料等。

本报告选用理论蕴藏量、技术可开发量和经济可开发量 3 个指标开展风能资源的评估测算。

2.1.1 资源评估方法

风能资源理论蕴藏量是指评估区域内一定高度上可利用风的总动能，单位为 kWh。数字化评估风能资源理论蕴藏量，可将评估转化为计算每个格点面积与该格点对应风功率密度乘积的累加。

风电技术可开发量是指在评估年份技术水平下可以进行开发的装机容量总和，单位为 kW。评估分析主要包括可用面积计算、装机面积计算、装机密度计算 3 个关键环节，分析流程如图 2-1 所示。

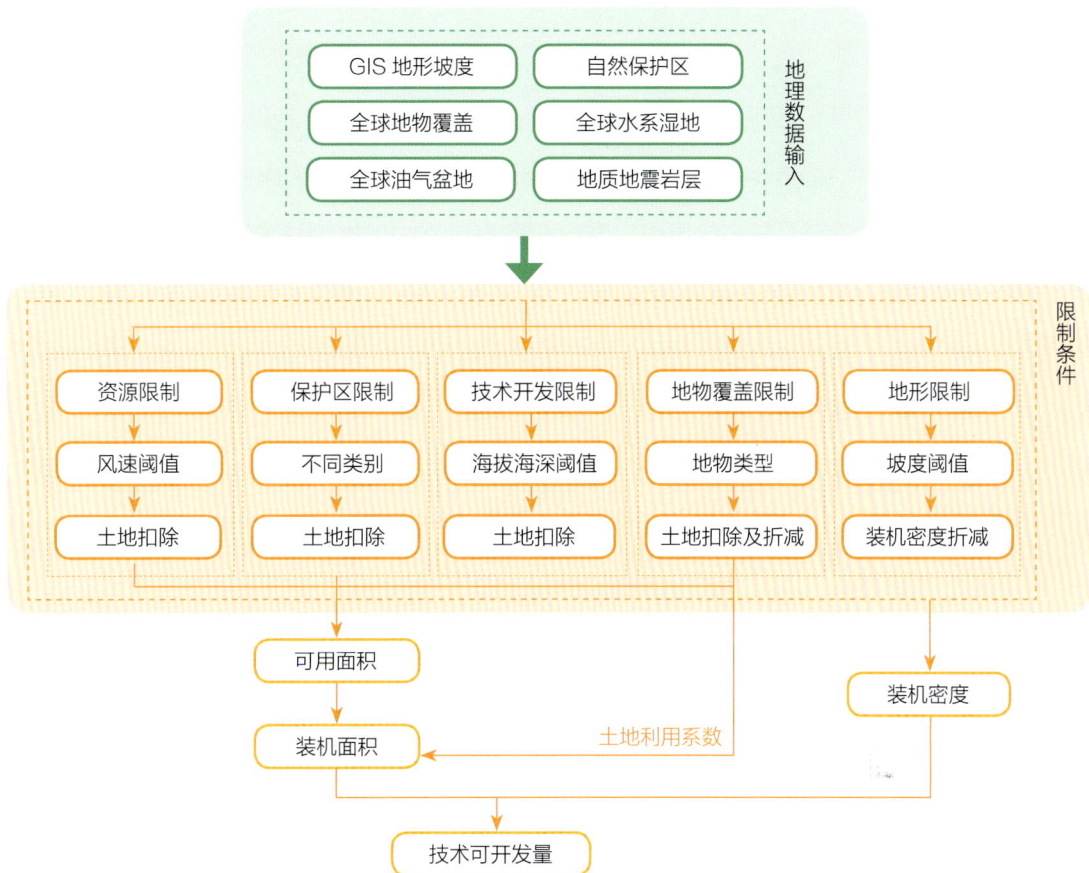

图 2-1　风电技术可开发量评估流程示意图

　　具体的，技术可开发量评估的关键在于剔除因地形、海拔、土地利用及风速资源等限制而产生的不可利用面积。一方面，扣除选定区域内不宜开发的土地，得到风电开发可利用面积，结合不同地物类型设定土地利用系数，进而得到有效装机面积；另一方面，在典型风资源条件下，测算平坦地表单位面积的装机容量，结合目前不同地形坡度下风电工程实际情况，确定相应的装机密度影响因子，计算每个格点的有效装机面积与单位面积装机容量、装机密度影响因子的乘积并累加得到区域的风电技术可开发量。

　　根据风能资源禀赋，通常采用年均风速作为技术指标、结合当前技术条件下的风机发电出力特性进行机组选型，采用逐小时风速数据开展计算与统计，按照选定的风机功率曲线，考虑风机效率、切入、切出风速影响等，计算得到年发电量。

　　风能资源经济可开发量是指在评估年份技术水平下，开发风电的度电成本低于受电地区可承受电力价格的总装机容量，单位为 kW。本报告采用平准化度电成本法，建立了一种适用于清洁能源资源经济可开发量的计算模型，通过选定待评估地区、确定技术参数、确定成本参数、确定财务参数、确定政策参数、计算度电成本、经济性判断和结果计算等 8 个主要流程实现风能资源经济可开发量评估，其基本框架如图 2-2 所示。具体的，将每个地理格点视为一个计算单元，计算每个格点的度电成本并与给出的综合参考电价进行对比，将具有经济性的格点容量按照地域面积进行累加，即可得到该区域的风电经济可开发量。

　　风能资源开发经济性分析中，基地的建设投资除设备成本、建设成本（不含场外道路）、运维成本等外，还需要重点计算并网成本和场外交通成本。

　　并网成本是指将开发的清洁能源发电资源接入电网所需新增建设电网设施的费用。一般清洁能源基地工程多建设在远离城镇等人口密集的地区，需要修建更长的并网工程，增加了开发投资成本。并网主要受格点风电接网与消纳方式影响，需要开展针对性测算。对于本地消纳的风电，其并网成本是风电厂到最近电网接入点的输电成本，与接入电压等级和距离有关，多采用交流输电方式，输电成本包括受端变电站和输电线路。对于需要远距离外送消纳的风电，其并网成本是风电厂到本地电力汇集站以及远距离外送工程的输电成本之和。外送工程多采用直流输电方式，输电距离不同，输电成本也不同，成本包括送受端换流站和直流线路成本。清洁能源并网成本测算构成如图 2-3 所示。不同规模、不同距离的电源并网需要采用不同输电方式和电压等级，相应的成本水平差异较大。报告基于中国工程经验，提出了不同输电方式、电压等级的不同并网成本因子，结合待评估格点的最短并网距离，量化测算了并网条件对不同区域清洁能源资源开发成本的影响。

　　场外交通成本是指为开发清洁能源发电资源而新增建设从现有交通设施路网（包括公路、铁路等）到资源地的交通设施费用。本报告主要考虑公路交通设施。一般大型清洁能源发电基地与现有公路之间有一定距离，需要修建必要的场外引接公路才能满足工程建设需要，这部分增加的建设成本应计入资源的开发总成本。报告采用了交通成本因子法，基于覆盖全球的公路路网数据，计算待开发格点到最近外部运输道路的长度，即最短公路运距，综合山地、平原等不同地形条件下场外运输道路的平均单位里程成本，可以量化测算场外交通对开发成本的影响。

1. 选定评估区域

单位格点测算

2. 确定技术参数

装机容量　　年发电量　　利用小时数

3. 确定成本参数

设备成本	建设成本	并网成本	运维成本
风机、塔筒、箱式变压器、升压站设备、集电线路等	风机基础、变电站、建筑、施工辅助、交通、环评水保劳安等	输电方式选型、输电距离、单位输电成本等	运维年限、年运维费用占比、人工费用等

4. 确定财务参数

资本金比例　　贷款利息　　贷款年限

内部收益率　　项目残值　　折旧等

参数修正

5. 确定政策参数

增值税　　所得税　　附加税　　政府补贴

低息贷款　　无息贷款　　贷款贴息　　政府担保等

计算模型

6. 计算 LCOE

7. 经济性判断

预设参考电价

当地平均上网电价　　主要发电品种平均电价　　外受电平均电价

扣除不经济格点　　　　　　统计经济格点装机及电量

8. 输出结果

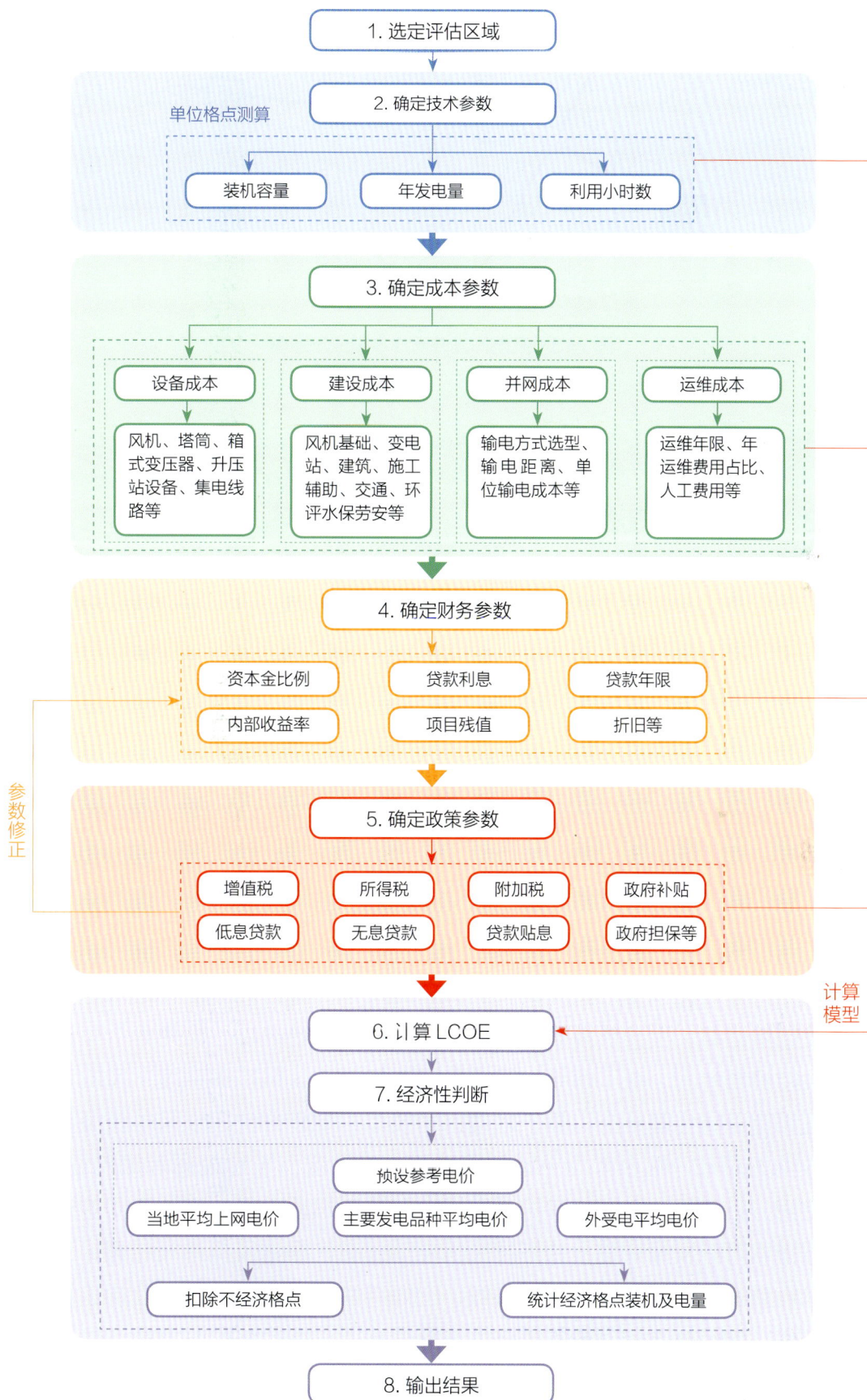

图 2-2　基于平准化度电成本的经济可开发量评估流程示意图

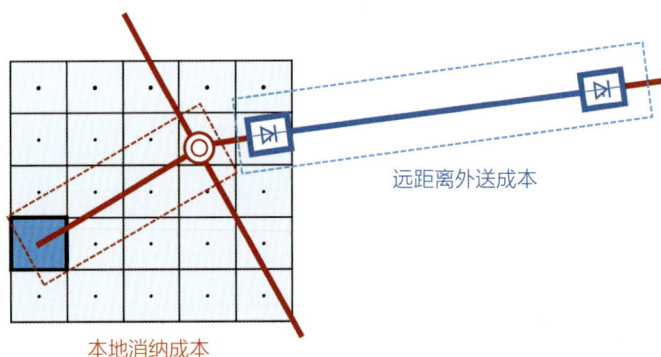

远距离外送成本

本地消纳成本

图 2-3　风电开发并网成本构成示意图

2.1.2　宏观选址方法

风电场选址研究应贯彻资源保护、统一规划、综合利用、科学开发的原则。开展风电场规划选址时，需充分了解区域内风能资源状况，掌握风速、风向、风能密度等风能资源的时间与空间分布，初步确定适宜建站的资源富集地区。然后再详细考虑限制性因素，陆上风电场选址应规避森林、耕地、城市等不适宜集中式风电开发的地面覆盖物、保护区、地震高发区等，海上风电场选址应规避港口、航线、保护区、深海等，选取没有或较少限制性因素、工程建设条件好的区域进行基地开发。

风电场的数字化宏观选址流程示意图如图 2-4 所示，基于覆盖全球范围基础数据，其关键流程包括资源储量计算、开发条件分析、数字化选址、设备排布、发电量估算、投资估算等。具体的，对于风电场选址，首先分析拟开发区域的风能资源情况，在了解平均风速、风速年变化、风功率密度、风向和风能玫瑰图等资源特性基础上，基于地理信息技术的规划方法，以风能资源数据和地理数据为基础，综合考虑土地利用性质、保护区、工程地质等限制性因素，利用空间分析工具，筛选适宜的开发用地。随后根据平原、山地不同的用地类型进行技术可开发量评估，并开展风机自动排布，根据风机排布结果，计算电场装机容量、发电量、年利用小时数、出力特性等技术参数。结合初选场址的并网条件、外部交通条件开展经济性测算分析，获得经济可开发量评估、匡算投资以及平均度电成本。

1. 初选资源富集待开发区域

资源数据输入

风资源数据

| 风速数据 | 空气密度 |
| 风向数据 | 气温气压数据 |

2. 筛选可开发区域

限制性因素

地理信息输入

地面覆盖物	自然保护区	地形与海拔	地质地震
规避树林、耕地、湿地沼泽、城市、冰雪、河流湖泊等不宜规模化开发的区域	规避野生物类、自然生态系统类、自然遗迹类、自然资源类及其他保护区	规避坡度较大、海拔较高等限制资源开发的区域	规避地质断层、构造板块边界所在区域，规避历史地震发生频率较高区域

3. 优选经济可开发区域

经济性因素

经济性相关信息输入

全球交通信息	全球电网分布	全球电厂分布	人口分布
选址区域应规避机场、主干公路网，并尽可能接近机场与公路，减少建设运输成本	选址区域应规避全球直流与交流工程线路用地，并尽可能接近电网，减少并网成本	选址区域应规避电厂用地，并尽可能接近电厂，减少基地建设用电成本	选址区域接近人口分布密度较高的地区，即负荷中心，将有效减少送电成本

4. 数字化选址与评估

场址范围 ⟷ 装机估算

设备选型

设备排布

投资估算　　发电量估算

平均度电成本

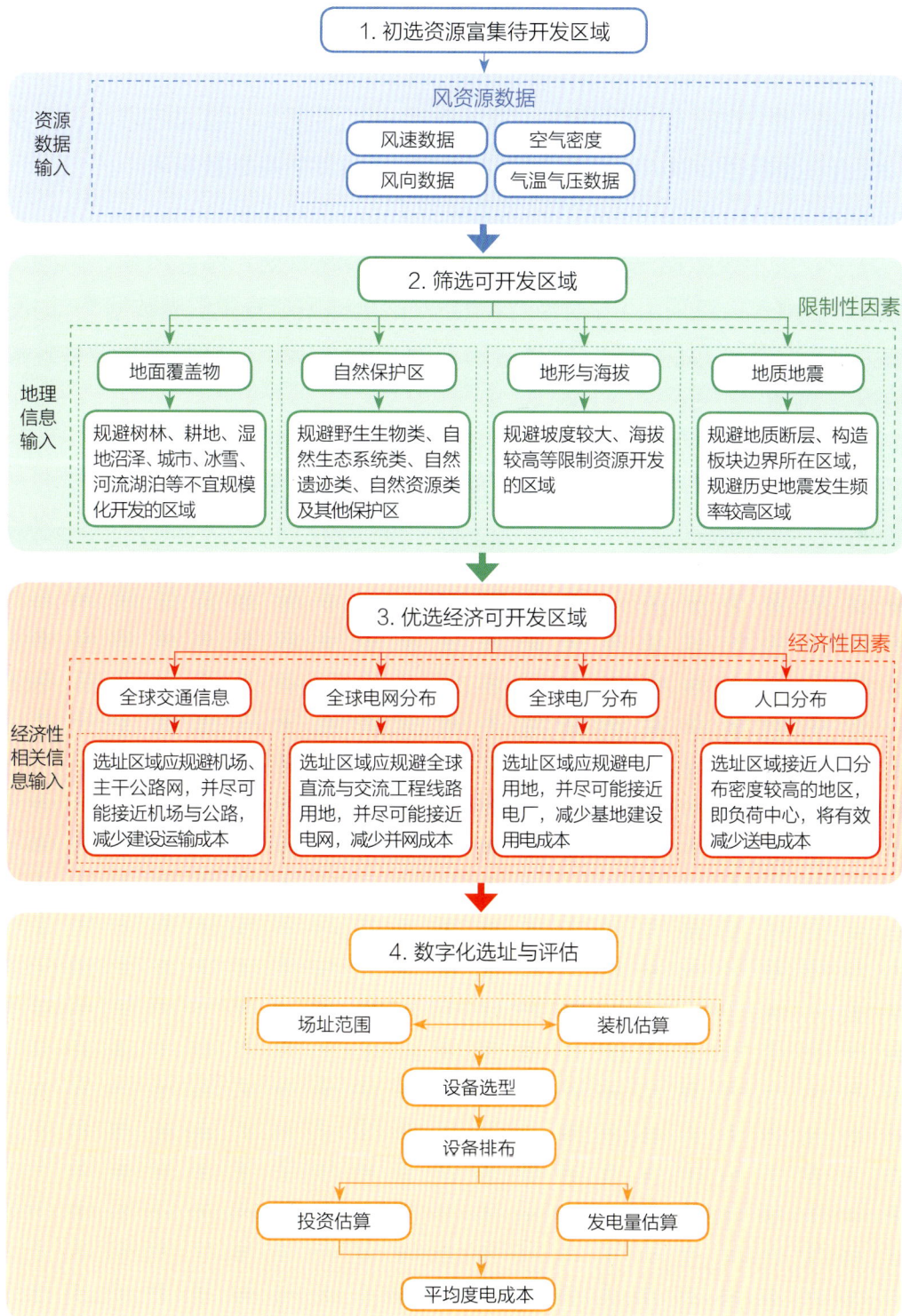

图 2-4　风电场宏观选址流程示意图

2.1.3 基础数据与参数

2.1.3.1 基础数据

为实现数字化风能资源评估，本报告建立了资源类、地理信息类、人类活动和经济性资料等 3 类 16 项覆盖全球范围的资源评估基础数据库。

其中，资源类数据主要包括全球中尺度风资源数据，包含风速、风向、空气密度、温度等，其采用了 Vortex 计算生产的全球风能气象资源数据[1]，时间分辨率为典型年的逐小时数据，空间分辨率为 9km×9km，其他的关键基础数据介绍见表 2-1。

表 2-1　全球风能资源和地理信息基础数据

序号	数据名称	空间分辨率	数据类型
1	全球中尺度风资源数据	9km×9km	栅格数据
2	全球地面覆盖物分类信息	30m×30m	栅格数据
3	全球主要保护区分布	—	矢量数据
4	全球主要水库分布	—	矢量数据
5	全球湖泊和湿地分布	1km×1km	栅格数据
6	全球主要断层分布	—	矢量数据
7	全球板块边界分布空间范围：南纬 66°—北纬 87°	—	矢量数据
8	全球历史地震频度分布	5km×5km	栅格数据
9	全球主要岩层分布	—	矢量数据
10	全球地形卫星图片	0.5m×0.5m	栅格数据
11	全球地理高程数据空间范围：南纬 83°—北纬 83° 间陆地	30m×30m	栅格数据
12	全球海洋边界数据	—	矢量数据
13	全球人口分布	900m×900m	栅格数据
14	全球交通基础设施分布	—	矢量数据
15	全球电网地理接线图	—	矢量数据
16	全球电厂信息及地理分布	—	矢量数据

注：2~16 项数据来源同表 1-1。

---

[1] 资料来源：Vortex ERA5 downscaling: validation results, 2017 November.
Vortex System Technical Description, 2017 January.

2.1.3.2 计算参数

本报告重点关注并评估欧洲范围内适宜集中式开发的风能资源，将低风速区域、保护区、森林、耕地、城市和深海、远海等区域作为不适宜集中式开发的区域排除在外；同时，结合部分欧洲国家的实际情况，评估了合理利用森林、耕地等区域进行分散式风电开发的资源潜力。

2.1 方法与数据

专栏 2-1　　　　　　　**风电的集中式和分散式开发**

在风资源条件好、人口密度低、地面粗糙度小的地区，大面积连片开发风电资源，集中接入电网，工程的建设、运维集约化、效率高，可以显著减低工程投资，获得大规模清洁电力，有利于加快能源清洁转型。作为大型电力基础设施，集中开发的大型风电场建设要求高，对土地资源利用有较严格的要求，不能占用各类自然保护区、文物和风景名胜区、林地和耕地等，一般选址在草原和荒漠，或风资源条件优越的山地，开发场景如专栏 2-1 图 1 所示。中国从 2005 年开始，采用大规模集中开发方式在北部、西北部风资源富集地区加速风电开发，并快速建立和完善了风电设计、制造、建设和运维产业链，风电成本快速下降。

专栏 2-1 图 1　集中式风电开发场景

分散式风电，一般位于用电负荷附近，利用工业园区的开阔地带，或者利用农田、山地、林地等特殊微地形条件产生的散落分布的低风速资源。分散式风电不以大规模、远距离输送电力为目的，产生的清洁电力就近接入当地电网消纳，开发场景如专栏 2-1 图 2 所示。准确、高效的资源评估是分散式风电开发的基本要求，照搬集中式风电场的评估办法成本高昂，建立测风塔耗时长。经过多年的实践，中国分散式风电开发已经基本形成了一套集成了中尺度数值模拟、小尺度数值模式计算、邻近区域测风塔数据或激光测风雷达数据校核的系统性方法。2015 年开始，中国采取了"集中"和"分散"并举的策略❶，因地制宜开发中东部地区的低风速风电资源，预计到 2020 年年底规模将超过 20GW。

专栏 2-1 图 2　分布式风电开发场景

❶ 资料来源：2016 年 11 月国家发展改革委、国家能源局下发《电力发展"十三五"规划》。

1. 技术指标测算参数

结合工程建设实践，一般认为年均风速低于 5m/s 的地区，资源开发效率较低、经济性较差，不宜进行集中式风电开发。海拔超过 4000m 的高原，一方面空气稀薄风功率密度下降，同时多有冰川分布，建设难度大，严重影响自然环境；海深超过 150m 的海域，需要采用漂浮式风电基础，离岸超过 200 海里的远海区域，开发的风电电力需要长距离海底电力电缆输电，在目前技术水平下开发难度大、经济性差，不推荐进行集中式开发。野生生物、自然环境、风景名胜等各类保护区，森林、耕地、湿地沼泽、城市、冰雪等地面覆盖物类型的区域不宜集中式开发。对于适宜集中式开发的灌丛、草本植被以及裸露地表等 3 种区域类型，结合风力发电技术特点以及当前设备水平，分别设置了土地利用系数。不同地形坡度将显著影响单位土地面积上的装机能力，报告对 0~30 度不同坡度条件，设定了坡度利用系数。具体技术指标和参数见表 2-2，按此推荐参数计算得到的结果是评估范围内适宜集中开发的风电技术可装机规模，报告后文也简称为"技术可开发量"。

结合待评估地区具体情况，调整相关参数亦可得到当前技术水平下分散式可开发风电装机规模。对于耕地，考虑合理利用田间地头位置安装风机，分散式开发的土地利用参数设定为 25%；对于树林，考虑可在树林边缘区域或者利用山地的地形条件合理布置风机，分散式开发的土地利用参数设定为 10%。

表 2-2 全球风能资源评估模型采用的主要技术指标和参数

类型	限制因素	阈值	集中式开发参数（%）	分散式开发参数（%）
资源限制	风速	>5m/s（集中式） >4.5m/s（分散式）	—	—
技术开发限制	陆地海拔	<4000m	—	—
	近海海深	<150m	—	—
保护区限制	自然生态系统	不宜开发	0	0
	野生生物类	不宜开发	0	0
	自然遗迹类	不宜开发	0	0
	自然资源类	不宜开发	0	0
	其他保护区	不宜开发	0	0

续表

类型	限制因素	阈值	集中式开发参数（%）	分散式开发参数（%）
地面覆盖物限制	森林	不宜开发	0	10
	耕地	不宜集中式开发	0	25
	湿地沼泽	不宜开发	0	0
	城市	不宜开发	0	0
	冰雪	不宜开发	0	0
	灌丛	适宜开发	80	0
	草本植被	适宜开发	80	0
	裸露地表	适宜开发	100	0
地形坡度限制	0°~1.7°	适宜开发	100	100
	1.8°~3.4°	适宜开发	50	50
	3.5°~16.7°	适宜开发	30	30
	16.8°~30°	适宜开发	15	15
	>30°	不宜开发	0	0

2. 经济指标测算参数

研究采用平准化度电成本法建立了一种适用于风能资源经济可开发量的计算模型。为了对未来规划水平年的基地投资水平与开发经济性进行评估，研究综合多元线性回归预测法与基于深度自学习神经元网络算法关联度分析预测法，建立了风电开发投资水平预测模型。结合欧洲发展水平以及风电技术装备、非技术类投资成本的预测结果，提出了 2035 年欧洲风电综合初始投资的组成及其推荐取值，主要包含设备及安装、建筑工程和其他费用 3 个类别，见表 2-3。本报告给出了主要的财务参数、场外交通成本、并网成本参数等的推荐取值，详情见表 2-4~ 表 2-6。其中，场外交通成本按照中国工程经验，综合山地、平原、一级公路建设费用水平进行测算，并网成本参照中国超高压交流、直流输电工程造价水平进行测算。

表 2-3　欧洲 2035 年陆地和海上风电开发初始投资组成与推荐取值

单位：美元 / kW

序号	投资组成	陆地风电总造价	海上风电总造价
1	设备及安装	632~696	861~948
1.1	设备费	600~661	752~829
1.2	安装费	33~37	109~120
2	建筑工程	184~203	565~622

序号	投资组成	陆地风电总造价	海上风电总造价
3	其他	55~60	64~70
总计		872~961	1490~1642

表 2-4　欧洲 2035 年陆地和海上风电经济性计算的财务参数推荐取值

序号	指标	陆地风电参数	海上风电参数
1	贷款年限	7 年	7 年
2	贷款比例	70%	70%
3	贷款利率	3%	3%
4	贴现率	2%	2%
5	建设年限	1 年	1 年
6	运行年限	20 年	20 年
7	残值比例	0%	0%
8	运维占比	2.8%	8.1%
9	场外交通	800 美元 / km	—

表 2-5　欧洲 2035 年陆地风电开发并网经济性参数推荐取值

	电压等级（kV）	输电距离（km）	单位输电成本 [美元 /（km·kW）]
交流输电	1000	500	0.28
	745~765（750）	400	0.34
	500	300	0.39
	380~400（400）	220	0.59
	300~330	200	0.65
	220	150	1.06
	110~161（110）	100	1.37
直流输电	电压等级	输电距离	单位输电成本
	±800	1500~3000	0.15

表 2-6　欧洲 2035 年海上风电开发并网经济性参数推荐取值

	电压等级（kV）	输电距离（km）	单位输电成本 [美元 /（km·kW）]
海上交流输电	220	150	3.33
海上直流输电	电压等级	输电距离	单位输电成本
	±320	150~400	1.26

2.2 资源评估

风速、地面覆盖物、保护区分布影响区域集中开发利用风能的技术可行性，公路、电网等基础设施条件影响区域风能开发的经济性水平。本报告基于覆盖欧洲的数据、信息，采用统一指标和参数完成了欧洲风能资源评估研究。

2.2.1 风速分布

本报告采用 Vortex 公司生产得到的风资源数据开展资源评估测算，资源数据包括：风速、风向、空气密度和温度等。欧洲风速分布如图 2-5 所示。欧洲陆上部分，北部的丹麦、挪威、冰岛、瑞典和芬兰，东部的俄罗斯、波罗的海周边的波兰、爱沙尼亚、拉脱维亚和立陶宛、西部的英国和爱尔兰、荷兰、比利时、德国、卢森堡和法国等国的风资源较好，年平均风速在 6m/s 以上，具有集中开发风电基地的条件。海上部分，紧邻英国、荷兰、比利时、德国的北海区域，波罗的海、挪威海、巴伦支海等近岸浅海区域风资源条件优异，年平均风速超过 8m/s，适宜开发海上风电基地。

欧洲靠近北极的北部地区年平均风速在 7.5m/s 以上，风速变化小，风能资源丰富，但是风电开发需要解决冻土地区工程建设，风机、输变电设备高寒、高湿运行等技术问题，开发难度大、成本相对较高。

2.2.2 地面覆盖物

从适宜大规模集中开发的土地资源角度分析，森林、耕地、湿地水体、城市和冰川是影响风电资源集中开发的主要地表覆盖物限制性因素。欧洲西部、中部和南部地区属于温带海洋性气候和地中海气候，受海洋影响，气候温和、降雨丰富，适宜耕种和畜牧业发展，地物覆盖以耕地和城市为主，位于欧洲西部的法国地处平原，是西欧最大的农业国，欧洲由西向东过渡到温带大陆性气候，气候寒冷，人口及城市较少，地物覆盖以森林为主。图 2-6 所示为欧洲上述 5 种主要限制风电集中开发的地面覆盖物分布情况。

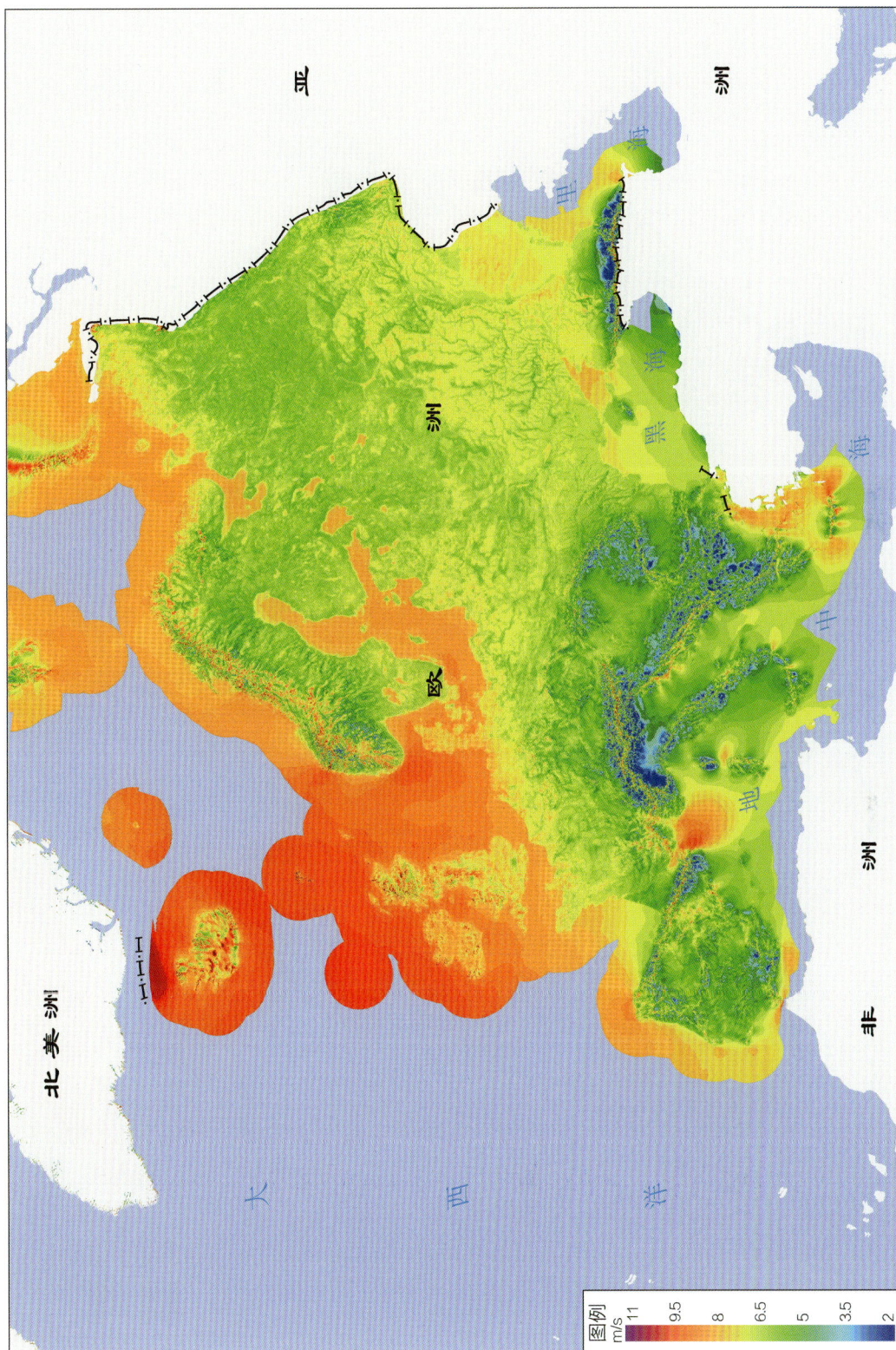

图 2-5 欧洲风速分布示意图

图例
m/s
11
9.5
8
6.5
5
3.5
2

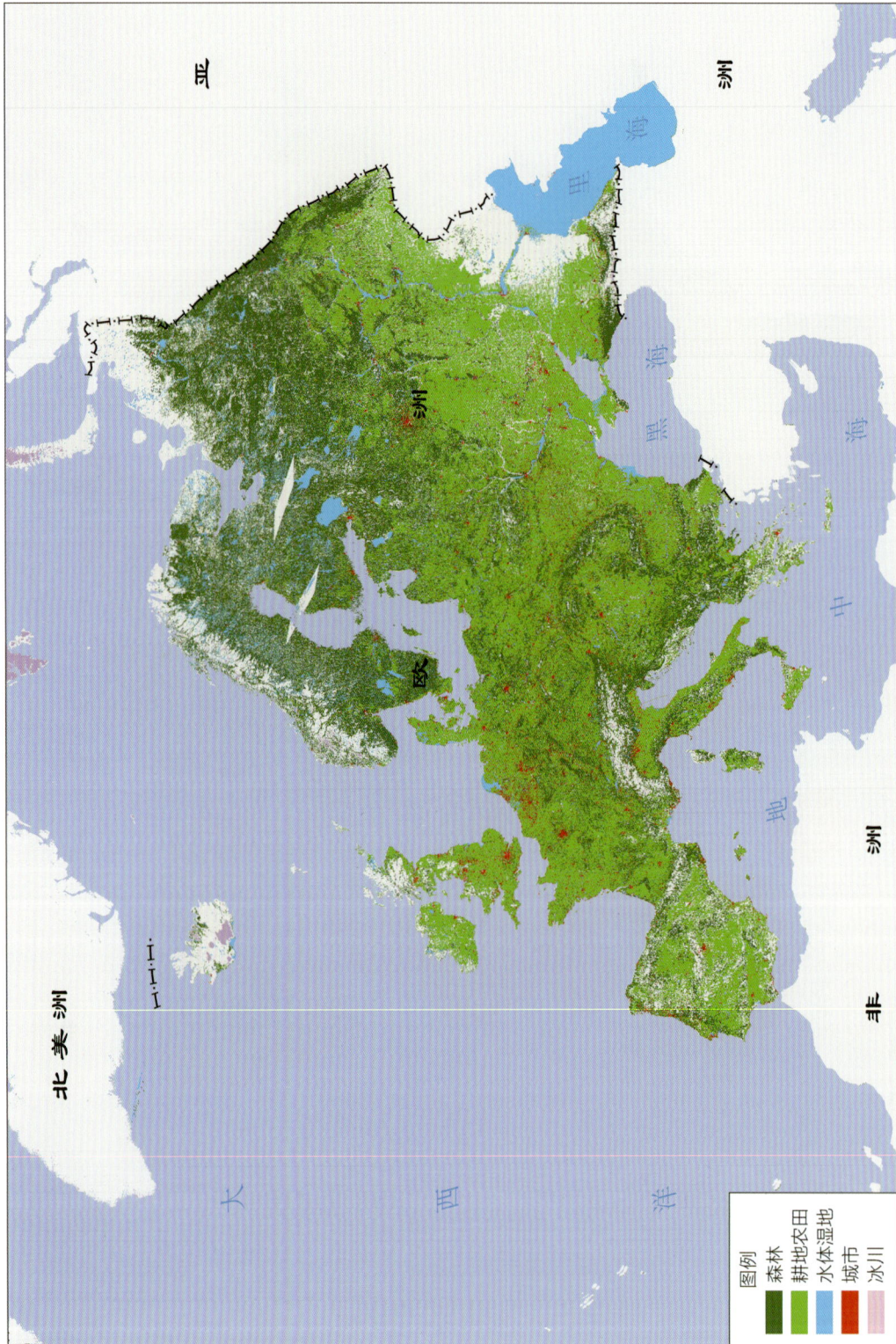

图 2-6 欧洲森林、耕地、湿地、水体、城市和水川分布情况示意图

图例
森林
耕地农田
水体湿地
城市
冰川

亚　洲
里　海
黑　海
中　地　海
非　洲
欧　洲
北　美　洲
大　西　洋　法

> **专栏 2-2　　　全球风资源中尺度数值模拟**
>
> 　　地球大气系统是一个极其复杂的非线性系统，其动力、热力过程可以通过偏微分方程组描述，但是方程组的复杂性导致难以获得解析解。随着大气探测技术、通信技术和计算机技术不断发展，借助现代高性能计算集群可以实现大规模数值模拟计算，并成为最高效的风资源气象数据获取手段。影响风机发电的天气与气候现象具有中尺度特性，所以一般使用中尺度模式开展模拟计算，并对原始方程模式进行必要简化以有效节省时间及计算成本。天气研究与预测模型 WRF（Weather Research & Forecasting Model）作为中尺度气象模式的典型代表，能够有效捕捉大、中尺度环流过程，适合宏观区域风能资源普查研究，也广泛应用于大气研究和气象预报领域。西班牙 Vortex 公司即采用了中尺度 WRF 模型，通过嵌套模拟链实现了从数百米到数百 km 多种空间尺度的覆盖。模型采用了多种覆盖全球范围的地球物理和气象数据库。Vortex 公司把再分析生产的风速数据与全球超过 400 个站点的实测风速数据集进行了对比分析和检测校核。本报告采用的是 Vortex 公司生产的全球范围 9km 分辨率、50、100m 和 150m 3 个高程的风资源图谱及逐小时时间序列数据，该数据也是世界银行 World Bank Wind Atlas 平台的基础数据之一，在全球获得广泛应用。

> **专栏 2-3　　　北极风能资源开发**
>
> ### 1. 风能资源
>
> 　　北极地区蕴藏着丰富的风能资源，环北极地区的加拿大、美国、俄罗斯、挪威、冰岛和丹麦（格陵兰地区）六个国家处于沿海或北冰洋，常年风速较高，年理论发电量和年技术可开发量分别占全球风能资源的 18.5% 和 17.2%。依托技术进步，预计北极地区风电技术可开发容量在未来可达 100TW。

欧洲和大西洋是北极地区风能资源最丰富的地区。根据100米高度的风速数据测算，冰岛北侧、格陵兰岛东南风速最强区域年平均风速可达11m/s以上，年平均风功率密度最大中心达2000W/m²以上；位于挪威海的次强中心风速为9~10m/s，风功率密度为800~1000W/m²；欧洲大陆北侧的巴伦支海域属于中等风速和风功率密度水平区域。

2．技术难点

高寒、高湿是北极地区地理气候的最主要特征，冬季1—3月平均气温为-40~-20℃，极端低温可达-65~-70℃；夏季7—8月，平均气温也仅为-8℃；北极地区平均湿度为75%。这一特殊气候环境条件，使得北极地区风能资源开发面临较大的技术困难，特别是要克服风机叶片覆冰和低温对机组带来的影响。

叶片覆冰会改变其气动外形，导致翼型最大升力系数和失速临界攻角等特性发生改变，降低风机运行效率；另一方面，叶片覆冰会增大风机不平衡载荷，导致风机组件加速疲劳，严重时会导致风机被迫停机甚至倒塌。

低温会使金属及其他复合材料由韧变脆甚至发生冷脆断裂，对叶片甚至钢结构塔筒造成损坏，也会使润滑油黏性增加而损害风机内部润滑系统，对风机机械传动装置、变桨和偏航系统机械部件造成损耗，影响风机整体工作效率与使用寿命。另一方面，低温环境下空气黏度变小密度增加，风力发电机组载荷发生相应变化，增加了风机变桨和偏航系统相关元器件设计与选型难度。

开发北极地区风能资源，需要研究风力发电机组及其主要部件在高寒、高湿地区环境的适应性，对风机进行整体设计改进，如充分考虑低温对材料特性的影响，研发适合低温环境的润滑油系统，配置叶片结冰监测系统并研发叶片防结冰涂层，配置加热系统，满足风机零部件和整体机舱的温度要求等。

目前北极风电机组运行维护数据和工程建设经验较缺乏，未来北极风能开发需不断积累实际建设和运行经验，迭代优化机组设计和工程建造方案。

2.2.3 保护区分布

保护区是影响风电资源开发土地性质的限制性因素，一般情况下，大型风电基地的选址开发应规避所有类型的保护区。欧洲东部地区属于温带大陆性气候，森林覆盖率高，分布着众多自然生态系统类和野生生物类保护区，欧洲西部和南部属于温带海洋性气候和地中海气候，陆上保护区以野生生物类和自然资源类为主，海上保护区以自然生态系统类和自然资源类为主，主要分布在北海海域、临近欧洲大陆的大西洋东部海域和地中海海域。全洲陆上保护区总面积 167 万 km²，海上保护区总面积 231 万 km²。图 2-7 所示为研究中考虑的欧洲保护区分布情况。

2.2.4 交通设施

风能资源富集地区的交通设施发达程度越高、公路干网等分布越广泛，将极大改善大型风电基地的开发建设条件，利于工程设备与材料的进场运输，降低基地开发成本。开展风电资源开发经济性的研究，需要结合交通设施的分布情况进行综合分析和测算。

公路方面，基于全球基础信息数据库统计，欧洲高等级公路的总里程约 50 万 km，公路总里程超过 210 万 km，基本遍布欧洲全境。图 2-8 为欧洲主干公路分布情况示意图。具体来看，欧洲大部分地区公路密布，尤其是人口稠密的西部、中部和南部，是世界上公路分布最密集的地区之一。

铁路方面，基于全球基础信息数据库统计，欧洲铁路里程总计 52 万 km，密布于欧洲大部分地区，其中欧洲中部和西部是世界上铁路分布最密集的地区之一。图 2-9 为欧洲铁路分布情况示意图。总体来看，欧洲公路和铁路交通十分发达，工程建设的交通运输条件较好。

图 2-7 欧洲主要保护区分布情况示意图

图例

自然生态系统类保护区
野生生物类保护区
自然遗迹类保护区
自然资源类保护区
其他类型保护区

图2-8 欧洲公路分布情况示意图

图例

—— 高等级公路

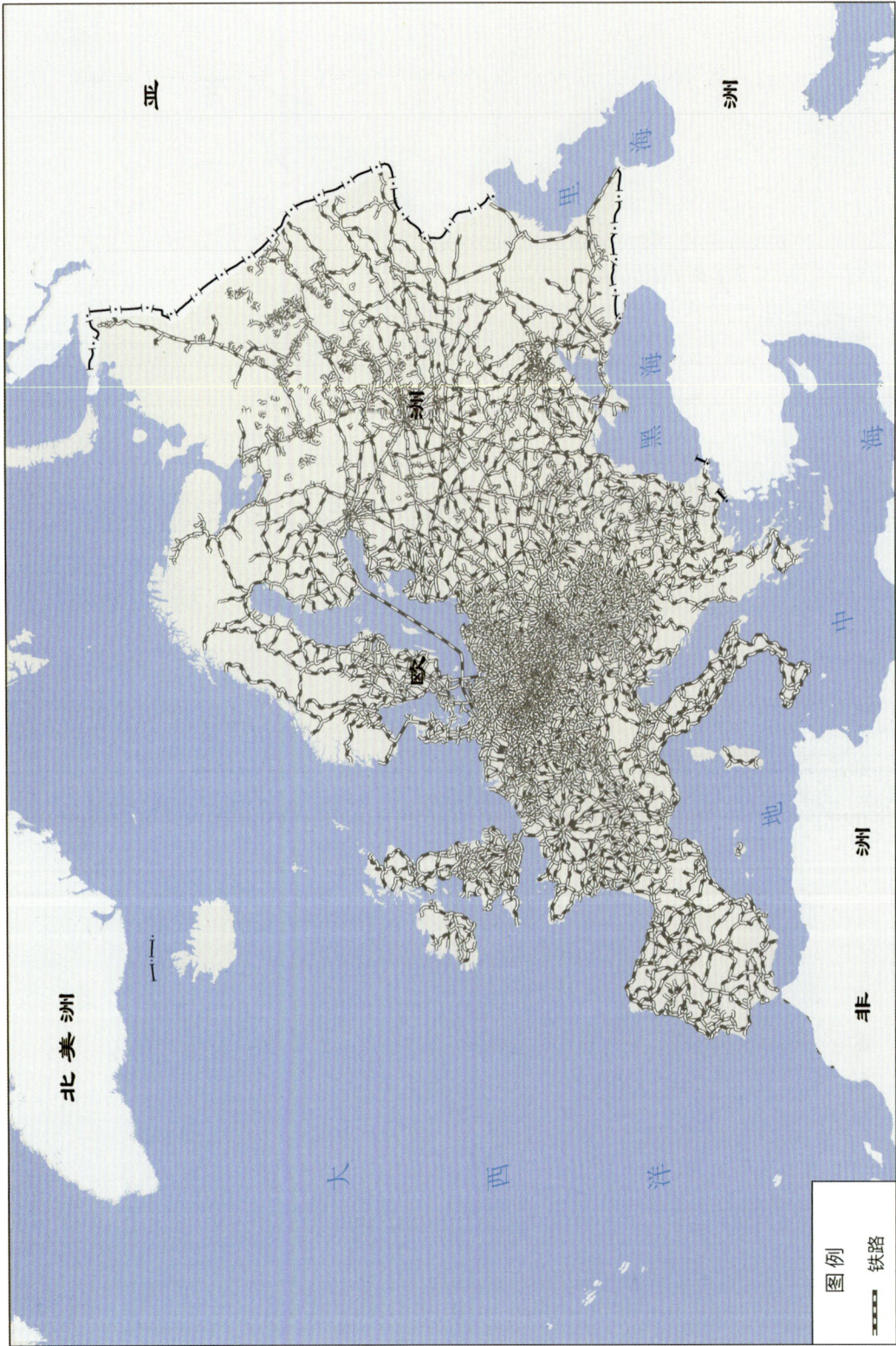

图2-9 欧洲铁路分布情况示意图

2.2.5 电网设施

电网基础设施条件越好，大型风电基地的并网成本越小，越有利于开展集中式风电开发。欧洲风能资源开发经济性的评估考虑了并网条件的影响，在平准化度电成本中增加了并网成本内容。

根据数据统计，欧洲高压电网线路路径总长度约 70.2 万 km，其中 300kV 以上的交流线路长度超过 39 万 km，±500kV 及以上直流线路约 9000km，表 2-7 所示为欧洲不同电压等级的交直流电网线路情况的统计。

表 2-7　欧洲不同电压等级的交、直流线路建设情况

交流线路		直流线路	
电压等级（kV）	线路长度（km）	电压等级（kV）	线路长度（km）
745~765	13482	—	—
380~500	302660	±600	611
300~330	73984	±500	8431
220~275	263878	±400	1737
110~161 及以下	30728	±400 以下	6391
总计	.684732	总计	17170

欧洲电网 110kV 及以上基础设施热力分布情况示意图如图 2-10 所示。总体上，欧洲电网基础设施完善，超过 75% 的区域并网距离小于 100km，风电基地开发的并网条件好，利于海上风电资源的外送消纳。

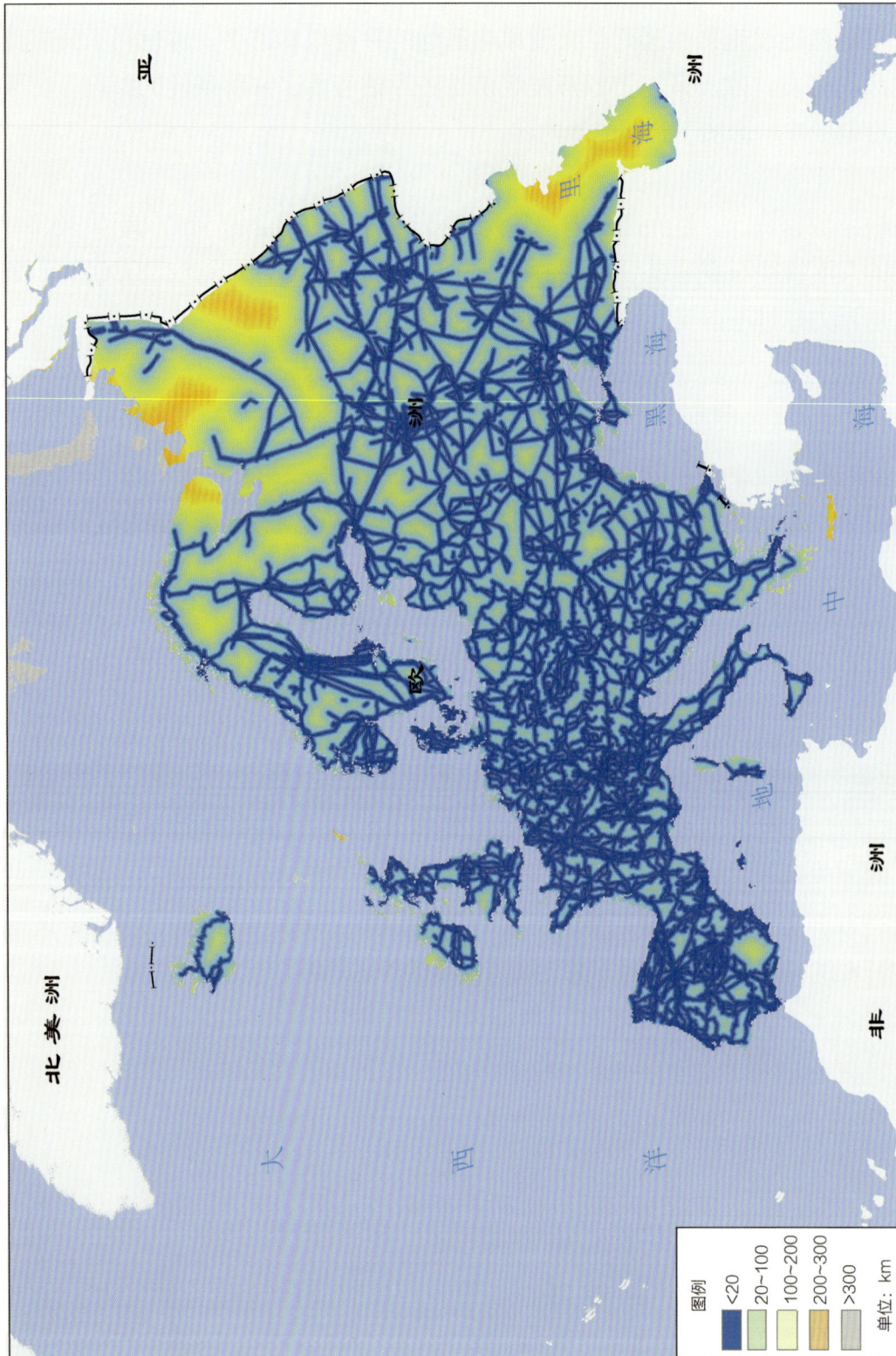

图2-10　欧洲电网设施热力分布示意图

图例

- <20
- 20~100
- 100~200
- 200~300
- >300

单位：km

专栏 2-4　　　　　**欧洲电网设施现状**

欧洲电网整体发展水平较高，跨国互联紧密。

当前，欧洲共有 36 个国家的 43 家运营商加入了欧洲输电运营商联盟（Entso-E），形成世界最大的跨国互联电网，其中欧洲大陆、北欧、英国及爱尔兰电网主网架为 400kV，波罗的海国家电网主网架为 330kV，相互之间通过直流互联。欧洲大陆电网通过西班牙 – 摩洛哥的两回 400kV 线路与北非互联；在东部与乌克兰电网互联；在东南部与西亚电网互联。波罗的海国家电网与俄罗斯电网互联。为海上风电等清洁能源开发送出等提供了良好电网基础。

欧洲电力消费总量较高，人均用电量处于世界领先水平。2017 年欧洲总用电量 4.8PWh，占全球总用电量的 21%。其中 35%、25% 的电力消费分别集中在西欧、俄罗斯及周边区域。2017 年欧洲电力普及率为 100%。欧洲年人均用电量 5885kWh，约为世界平均水平的 1.9 倍。2017 年，年人均用电量最大的国家是冰岛，达到 55MWh，挪威、芬兰和瑞典年人均用电量分别为 25、15MWh 和 14MWh。欧洲重视清洁发展，清洁能源发电占比今后将进一步提高。

2.2.6　评估结果

1. 理论蕴藏量评估

根据 100m 高度的风速数据测算，欧洲风能资源理论蕴藏量 213.2PWh/a，占全球总量的 11%，欧洲西部、北部和东部部分地区是全球最具有风能资源开发潜力的区域之一。

2. 技术可开发量评估

综合考虑资源和各类技术限制条件后，经评估测算，欧洲适宜集中开发的陆上风电规模约 3910.9GW，年发电量约 10.6PWh。

从分布上看，欧洲技术可开发的陆上风能资源主要集中在英国、冰岛、挪威和俄罗斯等，占到全洲总量的 70% 以上。上述地区海拔基本在 2000m 以下，主要是草本植被和灌丛。欧洲西部、中部和南部大部分地区人口稠密，农业发达，耕地广泛分布，基本不具备集中建设大型风电基地的条件；位于阿尔卑斯山脉地区的瑞士、意大利北部、奥地利西部等国家和地区海拔高、地形起伏大，集中式开发风电的条件较差；欧洲北部和东部的瑞典、芬兰、俄罗斯等国森林覆盖广泛，无法建设集中式风电基地。总体来看，受地物覆盖、地形地貌等因素影响，欧洲仅 9% 的陆上区域具备集中开发建设风电基地的条件，欧洲部分国家更适宜采用分散式开发方式，利用乡村和森林周边、田间地头的空闲土地开发风电资源。

单位国土面积的风电装机容量及其年发电量是表征一个区域风电技术可开发资源条件的重要指标，但是装机容量受地形坡度影响较大，相比而言，采用年发电量与装机容量的比值，即装机利用小时数（容量因子，Capacity Factor）更能够反映区域风电资源技术开发条件的优劣。欧洲风电技术可开发区域及其利用小时数分布示意图如图 2-11 所示。

从欧洲风电技术指标的分布来看，全洲陆上风电技术可开发装机的平均利用小时约 2707 小时（平均容量因子约 0.31），其中冰岛东部和西部、英国北部、挪威北部和俄罗斯北部地区，风电利用小时在 3000 以上，开发条件优越，最大值出现在冰岛的西部地区，超过 4000 小时。欧洲的北海地区风能资源丰富，根据测算，区域风电年利用小时超过 4500 小时（平均容量因子超过 0.51）；北海海域的海深基本在 50~100m 左右，风电建设条件极其优越。

3. 开发成本评估

按照陆上风电技术装备 2035 年造价水平预测结果测算，综合考虑交通和电网基础设施条件，欧洲集中式风电的平均开发成本[1]为 3.63 美分，各国的平均开发成本在 2.32~6.84 美分之间。按照当前全球约 8 美分的平均电价水平评估[2]，欧洲约 98% 的技术可开发装机满足经济性要求。按照全球 5 美分风电平均开发成本评估，欧洲 2035 年造价水平下的风电经济可开发规模约 3.4TW，技术可开发量占比约 86%。欧洲风电资源开发成本分布示意图如图 2-12 所示。

---

[1] 欧洲集中式风电的平均开发成本为洲内各国家平均开发成本及其年发电量的加权平均值。
[2] 资料来源：可再生能源发电价格参考国际可再生能源署（IRENA）的报告：《RENEWABLE POWER GENERATION COSTS IN 2018》，燃气、燃煤和核电价格参考国际能源署（IEA）的报告：《Projected Costs of Generating Electricity》.

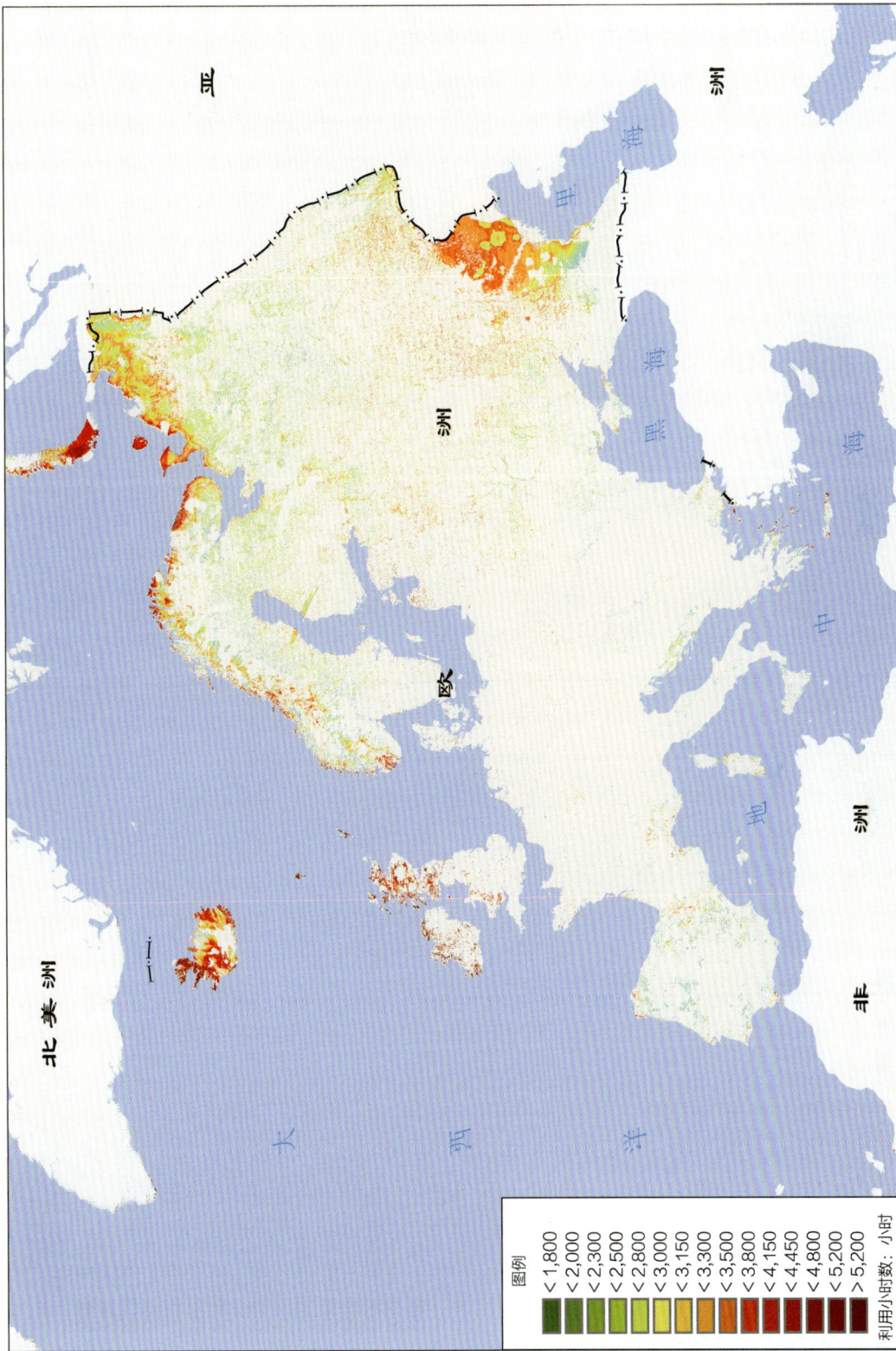

图2-11 欧洲风电技术可开发区域及其利用小时数分布示意图

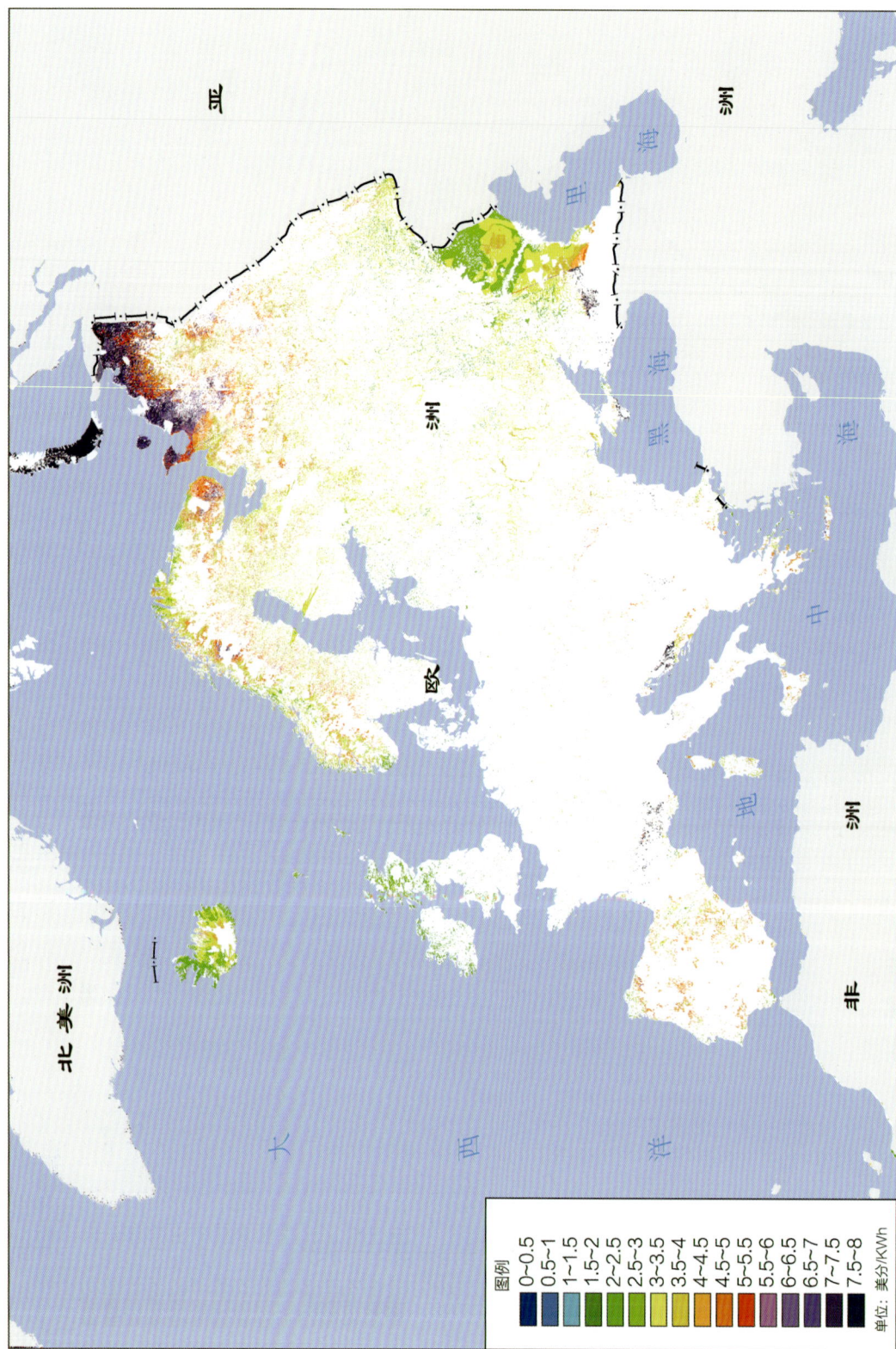

图 2-12 欧洲风电开发成本分布示意图

图例
0~0.5
0.5~1
1~1.5
1.5~2
2~2.5
2.5~3
3~3.5
3.5~4
4~4.5
4.5~5
5~5.5
5.5~6
6~6.5
6.5~7
7~7.5
7.5~8

单位：美分/kWh

专栏 2-5   **英国风能资源**

英国地处欧洲西北面的不列颠群岛，国土总面积约 24 万 km^2。根据测算，境内最高海拔高度 1279m，最大地形坡度 52.6°。

英国风能资源好，距地面 100m 高度全年风速范围为 6.3~10.2m/s，全国平均风速 7.7m/s。全年风速在全国范围内均大于 6m/s，其中北部和中部地区年平均风速更高。

1. 主要限制性因素

英国境内设有不同类型的保护区，包括自然生态系统类保护区 4.8 万 km^2、野生生物类保护区 1.0km^2 等，保护区总面积约 7.0 万 km^2，具体见专栏 2-5 表 1，以上区域均不宜进行风资源规模化开发。

专栏 2-5 表 1   英国主要保护区面积测算结果

单位：万 km^2

总面积	自然生态系统	野生生物	自然遗迹	自然资源	其他
6.97	4.77	1.02	0.63	0.55	0.00

英国地物覆盖类型以耕地为主，面积 14.2 万 km^2，占总陆地面积 58.7%；灌丛覆盖面积 2.9 万 km^2，占总陆地面积 12.0%；草本植被覆盖面积 2.3 万 km^2，占总陆地面积 9.4%。英国主要地面覆盖物分析结果见专栏 2-5 表 2。草本植被和裸露地表适宜集中开发风电，按照确定的土地利用系数测算，英国可进行风能集中式开发的面积约 2.0 万 km^2，占比 8.2%。

专栏 2-5 表 2   英国主要地面覆盖物分析结果

单位：万 km^2

国土 总面积	河流 面积	陆地面积								
		总计	森林	灌丛	草本植被	耕地	湿地沼泽	裸露地表	城市	冰雪
24.25	0.26	23.66	1.98	2.92	2.29	14.24	0.28	0.29	1.66	0.00

英国全境很少发生地震，风电开发应规避分布在北部及西部的主要地层断裂带及裂谷地带。英国岩层分布以硅碎屑沉积岩、混合沉积岩和变质岩为主。

英国人口 6600 万，人口密度超过 3.5 万人 /km² 的人口密集地区主要集中在中南部城市地区，规模化开发风电一般应远离人口密集地区。

2. 评估结果

根据测算，英国陆地风能资源理论蕴藏量 10459TWh/a；集中式开发的技术可开发量 41GW，年发电量 144TWh，平均利用小时数 3462（容量因子 0.40）。英国北部地区风能装机条件相对较好，部分平原地区的装机能力可以达到 5MW/km²，全国风电技术可开发量与开发成本分布示意图如专栏 2-5 图 1 所示。

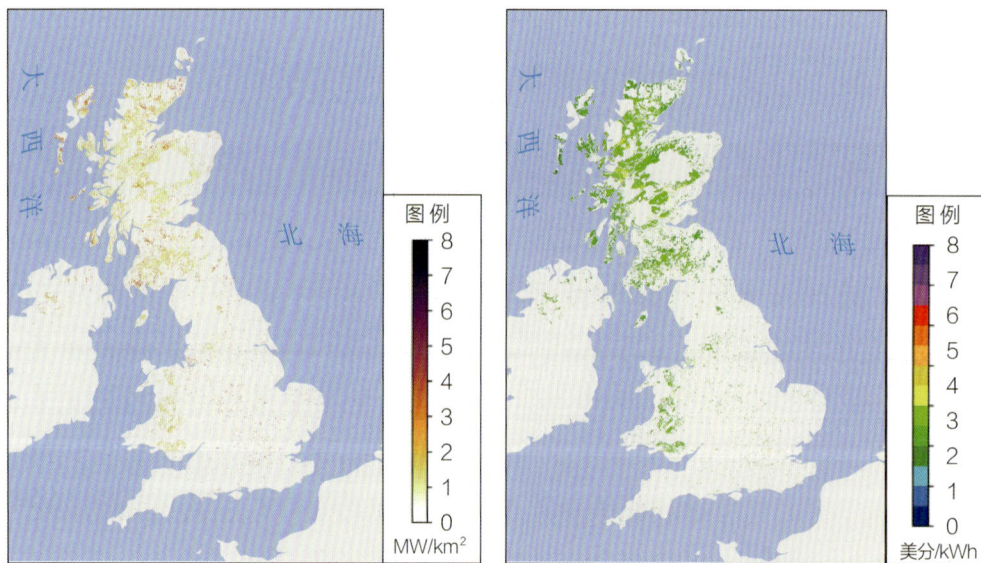

（a）技术可开发量分布 　　　（b）开发成本分布

专栏 2-5 图 1　英国风电技术可开发量以及开发成本分布示意图

根据测算，英国陆地风电的平均开发成本为 2.55 美分 /kWh，其中开发条件最好的地区，开发成本低至 1.95 美分 /kWh。英国适合风电大规模经济开发的区域有限，主要分布于北部地区。

专栏 2-6   北海风能资源

北海地处欧洲大陆的西北，西面部分地以英格兰、苏格兰为界，东面与挪威、丹麦、德国、荷兰、比利时和法国相邻，南部从法国海岸的沃尔德灯塔，越过多佛尔海峡（Strait of Dover）到英国海岸的皮衣角的连线为界，北部从苏格兰的邓尼特角（Dunnet Head），经奥克尼（Orkney Islands）和设得兰群岛（Shetland Islands），然后沿西经 0° 53′ 经线到北纬 61°，再沿北纬 61° 纬线往东到挪威海岸的连线为界，海域总面积约 57 万 km²。

北海风能资源好，距地面 100m 高度全年风速范围为 8.2~10.5m/s，平均风速 9.8m/s。北海海域风速分布示意图如专栏 2-6 图 1 所示。

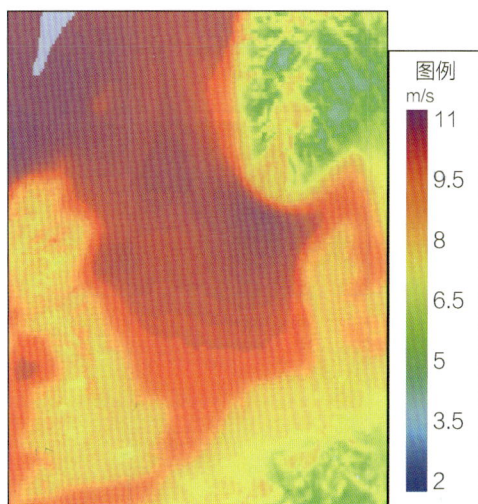

专栏 2-6 图 1   北海风速分布示意图

1. 主要限制性因素

北海海域内设有不同类型的保护区，包括自然生态系统类保护区 5.7 万 km²、自然资源类保护区 2.5km² 等，保护区总面积约 8.7 万 km²，具体见专栏 2-6 表 1，以上区域均不宜进行风资源规模化开发。北海海域保护区分布示意图如专栏 2-6 图 2 所示。

专栏 2-6 表 1   北海主要保护区面积测算结果

单位：万 km²

总面积	自然生态系统	野生生物	自然遗迹	自然资源	其他
8.66	5.74	0.33	0.04	2.55	0.00

北海大部分为浅海大陆架，平均水深 96m。南部浅于 50 米，面积约 28.6 万 km²，占总海域面积 50.2%；海深在 50~100m 范围内海域面积约 15.1 万 km²，占总海域面积 26.5%；海深在 100~150m 范围内海域面积约 9.1 万 km²，占总海域面积 16.0%，其余为海深大于 150m 的海域。

海上风电开发应避免船运航线以及港口设施区域。一般优先开发近海及浅海海域风电，海深越深，需要漂浮式海上基础，成本越高，离岸距离越远，需要的直流海缆成本越高，不具备经济性。北海海深分布示意图如专栏2-6图2所示，分析结果见专栏2-6表2。

专栏2-6表2　北海海深分布分析结果

单位：km²

海深	<50m	50~100m	100~150m	>150m
面积	28.6	15.1	9.1	4.2

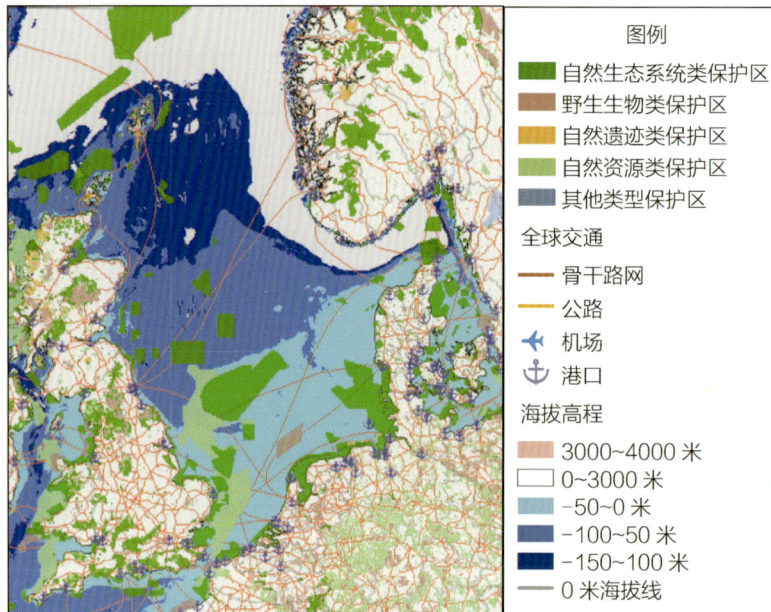

专栏2-6图2　北海保护区及海深分布示意图

2. 评估结果

根据测算，北海海域风能资源理论蕴藏量39316TWh/a；集中式开发的技术可开发量1750GW，年发电量8144TWh，平均利用小时数4651（容量因子0.53）。

根据测算，北海海域风电的平均开发成本为6.14美分/kWh，其中开发条件最好的地区，开发成本低至4.63美分/kWh。北海适合风电大规模经济开发的区域主要分布于南部和近海海域。

从欧洲风电开发的国别经济性指标来看，资源条件优异，同时交通、电网基础设施条件相对较好的国家和地区风电开发成本低，经济性更好。整体而言，欧洲可开发的风电资源，绝大部分经济性较好，但是俄罗斯、法国、乌克兰、塞尔维亚等 11 个国家存在风电开发成本高于 8 美分的情况，标志这些国家存在因成本而限制开发的区域。从最经济的开发区域来看，挪威、瑞典、芬兰、冰岛、丹麦、爱沙尼亚、拉脱维亚、立陶宛、俄罗斯、德国、波兰、希腊、英国、爱尔兰、荷兰、比利时、法国、西班牙、葡萄牙等国风电的最低开发成本低于 2.5 美分，开发经济性好，其中开发成本最低的出现在英国北部苏格兰（Scotland）爱丁堡市（Edinburgh）东南部，为 1.95 美分。从风电开发的平均经济性水平来看，丹麦的全国平均开发成本最低，为 2.32 美分，成本范围为 1.92~2.59 美分。

欧洲 46 个国家和地区风能资源评估结果见表 2-8，包括理论蕴藏量、集中式开发规模以及按国别平均的开发成本。其中，技术可开发量的评估结果是按照报告 2.1.3 给定的评估参数计算获得，是满足集中式开发条件区域的装机容量，并不包含低风速和部分可采用分散式开发的树林与农田区域的风电装机规模。

表 2-8 欧洲 46 个国家和地区风能资源评估结果

序号	国家	理论蕴藏量（TWh/a）	集中式开发规模（GW）	年发电量（TWh/a）	可利用小时数	可利用面积比例（%）	平均开发成本（美分/kWh）
1	挪威	7972.6	150.3	420.6	2799	22.71	3.32
2	瑞典	9369.6	135.5	338.8	2499	11.49	3.67
3	芬兰	6571.7	131.2	337.8	2575	10.70	3.45
4	冰岛	4714.9	131.4	416.4	3170	51.55	2.88
5	丹麦	83451.6	99.4	249.3	2507	2.47	6.84
	丹麦（欧洲）	2071.1	2.8	10.5	3696	1.40	2.32
	丹麦（格陵兰）	81380.5	96.6	238.8	2472	2.00	7.04
6	法罗群岛（丹）	140.3	1.1	5.3	4706	53.37	2.81
7	爱沙尼亚	1438.3	11.4	34.2	3009	5.26	2.86
8	拉脱维亚	1766.3	14.2	41.6	2932	4.78	2.96
9	立陶宛	1571.8	4.4	12.4	2826	1.45	3.05
10	白俄罗斯	4395.2	48.8	133.9	2743	4.96	3.15
11	乌克兰	11331.9	140.0	357.0	2550	5.85	3.39
12	摩尔多瓦	563.1	4.9	11.1	2276	5.87	3.81

续表

序号	国家	理论蕴藏量（TWh/a）	集中式开发规模（GW）	年发电量（TWh/a）	可利用小时数	可利用面积比例（%）	平均开发成本（美分/kWh）
13	俄罗斯	282611.9	8642.8	22167.8	2565	15.67	4.39
14	德国	8530.4	4.3	11.7	2687	0.32	3.18
15	波兰	7534.4	6.1	16.9	2758	0.43	3.13
16	捷克	1416.2	1.9	4.4	2380	0.88	3.64
17	斯洛伐克	664.2	0.7	1.6	2190	0.61	3.98
18	匈牙利	1399.8	4.7	10.2	2179	1.16	3.93
19	罗马尼亚	2563.8	2.6	5.4	2058	0.46	4.66
20	保加利亚	1164.7	1.6	3.2	2027	0.66	4.30
21	斯洛文尼亚	231.6	0	0.1	2200	0.10	3.89
22	克罗地亚	912.0	5.2	12.6	2403	3.99	4.90
23	波斯尼亚和黑塞哥维那	572.3	5.8	13.7	2348	6.15	4.23
24	塞尔维亚	989.0	2.4	4.7	1986	0.71	4.51
25	黑山	166.2	1.0	2.2	2149	4.47	4.11
26	北马其顿	160.3	0	0			
27	希腊	1901.8	12.6	33.8	2683	5.87	3.84
28	阿尔巴尼亚	315.5	0.4	0.7	1979	0.89	4.42
29	英国	10459.0	41.6	143.9	3463	8.27	2.55
30	爱尔兰	3215.7	22.9	82.3	3590	10.79	2.48
31	荷兰	1235.4	0.9	2.9	3174	0.45	2.68
32	比利时	899.8	0.5	1.3	2895	0.35	2.93
33	卢森堡	58.3	0	0	2655	0.29	3.20
34	法国	11941.9	19.3	50.5	2620	1.36	3.50
35	摩纳哥	0.1	0	0	—	—	—
36	西班牙	7445.9	70.0	161.8	2310	6.11	3.88
37	直布罗陀（英占）	0.2	0	0	3091	2.15	2.80
38	葡萄牙	1220.6	11.5	25.5	2217	5.66	3.91
39	安道尔	7.7	0	0	—	—	—
40	瑞士	382.9	0	0.1	2023	0.06	4.26
41	列支敦士登	1.1	0	0	—	—	—
42	奥地利	1109.6	0.2	0.4	2201	0.18	4.06
43	意大利	3903.4	11.0	25.5	2330	2.04	3.84
44	圣马力诺	0.8	0	0	—	—	—
45	梵蒂冈	0	0	0	—	—	—

序号	国家	理论蕴藏量（TWh/a）	集中式开发规模（GW）	年发电量（TWh/a）	可利用小时数	可利用面积比例（%）	平均开发成本（美分/kWh）
46	马耳他	11.0	0	0.1	2949	3.10	2.89
附1	土耳其（欧）	541.5	5.4	14.7	2714	9.04	3.21
附2	阿塞拜疆（欧）	339.4	0.1	0.2	1892	0.24	4.61
附3	哈萨克斯坦（欧）	225.6	34.8	102.8	2951	64.36	3.06
	总计*	213172.3	3910.9	10585.2	2707**	9.11***	3.63****

注：* 欧洲总计数据包含土耳其、阿塞拜疆、哈萨克斯坦领土欧洲部分的评估结果，不包含俄罗斯领土的亚洲部分的评估结果，不包含格陵兰的评估结果。

　　** 欧洲风电利用小时数为洲内年总发电量与总技术可开发量的比值。

　　*** 欧洲风电可利用面积比例为洲内总可利用面积与全洲总面积的比值。

　　**** 欧洲风电平均开发成本为洲内各国家平均开发成本及其年发电量的加权平均值。

具体来看，欧洲有31个国家和地区基本不具备陆地集中式风电开发条件。其中法国、德国、波兰等国家因为森林、耕地、城市等地物覆盖限制，集中式风电开发条件差；意大利、罗马尼亚、希腊、塞尔维亚、克罗地亚等国家，因为风速低，集中式风电开发条件差；格陵兰和其他高纬度地区冰雪覆盖率高，集中式风电开发条件差。上述国家和地区宜结合具体情况采用分散式开发利用低风速资源。经测算评估，德国、波兰、罗马尼亚、塞维利亚、法国等国的分散式风电开发规模分别为90.5、102.9、39.2、17.6、158.4GW，远超其集中式开发的规模。欧洲适宜分散式开发风能资源国家的评估结果见表2-9。

表2-9　欧洲适宜分散式开发风能资源国家的评估结果

序号	国家	分散式开发规模（GW）	年发电量（TWh）	可利用面积比例（%）
1	德国	90.5	243.1	7.0
2	波兰	102.9	288.7	7.3
3	罗马尼亚	39.2	72.7	5.0
4	克罗地亚	7.0	13.0	4.4
5	塞尔维亚	17.6	32.4	6.9
6	希腊	6.9	14.8	2.5
7	法国	158.4	406.0	8.5
8	意大利	28.8	61.4	4.1
	总计	451.3	1132.1	6.4

2.3 风电基地开发

2.3.1 开发现状

从 2010 年起欧洲风电装机保持较快增长，2018 年总装机容量达到 181.9GW，欧洲历年风电总装机容量如图 2-13（a）所示[1]。其中，德国、西班牙、英国、法国和意大利风电装机容量较大，分别为 57.0、23.4、20.3、15.0GW 和 9.7GW，发电量分别为 109564、50843、56904、28832GWh 和 17532GWh，英国海上风电装机规模最大，为 7.9GW，具体情况见表 2-10[2]。图 2-13（b）给出了欧洲主要国家历年风电装机容量，由图可知，2010—2018 年，德国、英国和法国风电装机容量增长较快，2015 年德国新建了 Global Tech I 大型风电场，装机容量 400MW。2011 年英国新建了 London Array 大型海上风电场，装机容量 630MW。法国的大型风电场 Salles-Curan，装机容量 87MW。

根据 IRENA 统计，2010—2018 年，欧洲陆上风电加权平均的初投资水平下降，从 2200 美元 / kW 降至 1950 美元 / kW，海上风电项目初投资范围从 3200~6000 美元 / kW 变为 4000~5800 美元 / kW。欧洲陆上风电加权平均的度电成本从 10.5 美分 / kWh 降至 7.5 美分 / kWh，海上风电度电成本从 12.0~19.0 美分 /kWh 变为 13.0~15.0 美分 / kWh[3]。

表 2-10　2018 年欧洲主要国家风电开发情况

国家	风电装机容量（MW）	风电发电量（GWh）
德国	56941（海上风电 5811）	109564
西班牙	23396	50843
英国	20273（海上风电 7916）	56904
法国	15027	28832
意大利	9710	17532

---

[1] 资料来源：International Renewable Energy Agency. Renewable capacity statistics 2019[R]. Abu Dhabi: IRENA, 2019.

[2] 资料来源：彭博社 . 全球装机和发电量统计 [EB/OL]，2020-03-04.

[3] 资料来源：International Renewable Energy Agency. Renewable Power Cost in 2018[R]. Abu Dhabi: IRENA, 2019.

（a）欧洲历年风电总装机容量

德国　西班牙　英国　法国　意大利

（b）欧洲主要国家历年风电装机容量

图 2-13　欧洲风电装机容量

2.3.2　基地布局

　　根据欧洲风能资源评估结果，综合考虑资源特性和开发条件，大型风电基地宜在技术指标高、开发成本低的区域进行布局。综合当地用电需求，根据欧洲能源互联网主要战略输电通道布局，未来在英国开发安格斯陆上风电基地，在北海海域开发英国东部、比利时、荷兰、德国西北、丹麦西部和挪威南部海上风电基地，2035 年开发规模可达到 81.46GW；在波罗的海海域开发丹麦东部、波兰、立陶宛、拉脱维亚、爱沙尼亚、芬兰、瑞典海上风电基地，2035 年开发规模可达到 45.30GW；在挪威海海域开发挪威海风电基地，2035 年开发规模可达到 5.10GW，在格陵兰和冰岛海域开发格陵兰海上风电基地，2035 年开发规模可达到 14.00GW，在巴伦支海海域开发巴伦支海风电基地，2035 年开发规模可达到 12.30GW。

　　本报告基于数字化选址模型和软件，对上述 17 个风电基地的开发条件、装机规模、工程设想、发电特性和投资水平进行了研究，提出了初步开发方案。17 个风电基地的总装机规模约 158.16GW，年发电量 680.25TWh。根据远景规划，未来开发总规模有望超过 260GW。按照 2035 年欧洲陆上和海上风电造价预测成果，基于项目基本情况进行投资估算，欧洲风电基地总投资约 2630.21 亿美元，陆上风电基地的度电成本 2.66 美分 / kWh，海上风电基地的度电成本为 4.86~7.08 美分 / kWh。

　　欧洲大型风电基地总体布局示意图如图 2-14 所示。

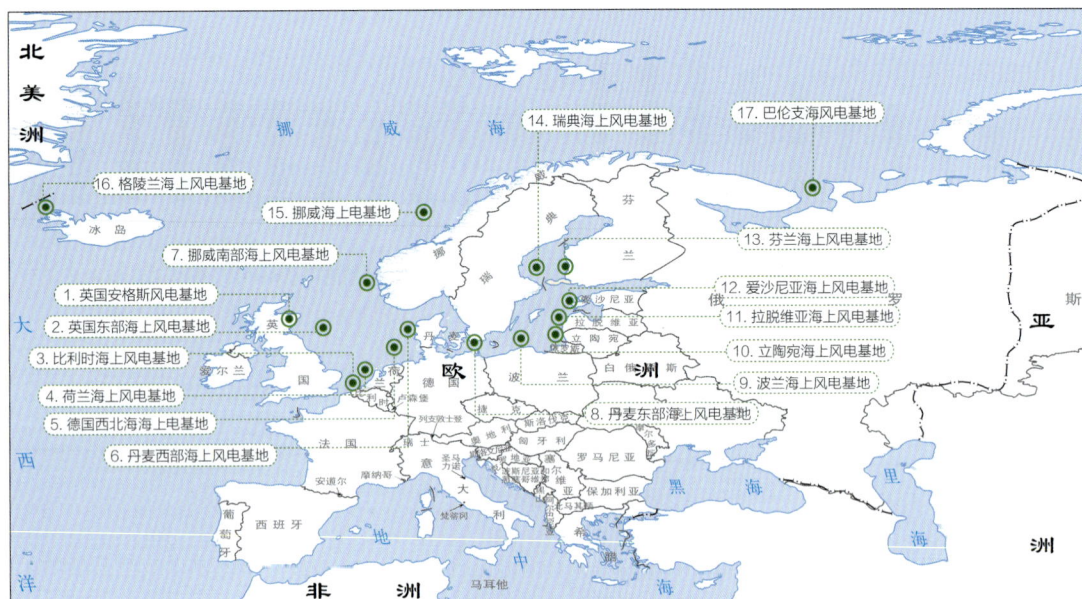

图 2-14 欧洲大型风电基地布局示意图

2.3.3 基地概述

本报告提出的欧洲 17 个大型风电基地选址的总体情况如下。

1. 英国安格斯（Angus）风电基地

基地位于英国安格斯东北部，年平均风速 7.74m/s，主导风向 SW。基地占地面积 297.95km²，海拔高程范围 110~734.5m，主要地形为丘陵和山地。基地选址避让了保护区，考虑地面覆盖物、地形坡度等因素影响，可装机面积 226.94km²，利用率 76.17%。按照初步开发方案，基地装机规模 363.5MW，年发电量 1237GWh；项目总投资 3.49 亿美元，综合度电成本 2.66 美分 / kWh。

2. 英国东部海上风电基地（Offshore wind power base on the coasts of eastern UK）

基地位于英国东部的北海海域，由 5 个风电场构成，年平均风速 9.29m/s，主导风向 SW。基地占地面积 6707.33km²，海深小于 50m，离岸最近距离 10km，最远距离 180km。基地选址避让了保护区、主要航道等，可装机面积利用率 100%。按照初步开发方案，基地装机容量 33.5GW，年发电量 146776GWh；项目总投资 557.31 亿美元，综合度电成本 5.59 美分 / kWh。

3. 比利时海上风电基地（Offshore wind power base on the coasts of Belguim）

基地位于比利时西北部的北海海域，年平均风速 9.00m/s，主导风向 SW。基地占地面积 6707.33km²，海深小于 50m，离岸距离 11km。基地选址避让了保护区、主要航道等，可装机面积利用率 100%。按照初步开发方案，基地装机容量 6.3GW，年发电量 26513GWh；项目总投资 101.87 亿美元，综合度电成本 5.65 美分 / kWh。

4. 荷兰海上风电基地（Offshore wind power base on the coasts of Netherlands）

基地位于荷兰西北部的北海海域，由 2 个风电场构成，年平均风速 9.84m/s，主导风向 SW。基地占地面积 1707.09km²，海深小于 50m，离岸距离 150km。基地选址避让了保护区、主要航道等，可装机面积利用率 100%。按照初步开发方案，基地装机容量 8.5GW，年发电量 40249GWh；项目总投资 155.79 亿美元，综合度电成本 5.70 美分 /kWh。

5. 德国西北海上风电基地（Offshore wind power base on the coasts of northwestern Germany）

基地位于德国西北部的北海海域，由 2 个风电场构成，年平均风速 9.85m/s，主导风向 SW。基地占地面积 3181.04km²，海深小于 50m，离岸最近距离 50km，最远距离 150km。基地选址避让了保护区、主要航道等，可装机面积利用率 100%。按照初步开发方案，基地装机容量 15.9GW，年发电量 40249GWh；项目总投资 757.79 亿美元，综合度电成本 5.50 美分 /kWh。

6. 丹麦西部海上风电基地（Offshore wind power base on the coasts of western Denmark）

基地位于丹麦西部的北海海域，由 2 个风电场构成，年平均风速 10.03m/s，主导风向 WNW。基地占地面积 1701.56km²，海深小于 50m，离岸最近距离 23km，最远距离 36km。基地选址避让了保护区、主要航道等，可装机面积利用率 100%。按照初步开发方案，基地装机容量 8.5GW，年发电量 41502GWh；项目总投资 137.16 亿美元，综合度电成本 4.86 美分 /kWh。

7. 挪威南部海上风电基地（Offshore wind power base on the coasts of southern Norway）

基地位于挪威南部的北海海域，由 3 个风电场构成，年平均风速 10.23m/s，主导风向 NW。基地占地面积 1681.62km²，海深小于 100m，离岸最近距离 10km，最远距离 192km。基地选址避让了保护区、主要航道等，可装机面积利用率 100%。按照初步开发方案，基地装机容量 8.4GW，年发电量 41916GWh；项目总投资 160.02 亿美元，综合度电成本 5.62 美分 /kWh。

8. 丹麦东部海上风电基地（Offshore wind power base on the coasts of eastern Denmark）

基地位于丹麦东部的波罗的海域，由 2 个风电场构成，年平均风速 9.14m/s，主导风向 W。基地占地面积 902.12km²，海深小于 50m，离岸距离 10km。基地选址避让了保护区、主要航道等，可装机面积利用率 100%。按照初步开发方案，基地装机容量 4.5GW，年发电量 19955GWh；项目总投资 69.60 亿美元，综合度电成本 5.13 美分 /kWh。

9. 波兰海上风电基地（Offshore wind power base on the coasts of Poland）

基地位于波兰北部的波罗的海域，年平均风速 8.86m/s，主导风向 W。基地占地面积 2924.86km²，海深小于 50m，离岸距离 10km。基地选址避让了保护区、主要航道等，可装机面积利用率 100%。按照初步开发方案，基地装机容量 14.6GW，年发电量 60913GWh；项目总投资 226.89 亿美元，综合度电成本 5.48 美分 /kWh。

10.　立陶宛海上风电基地（Offshore wind power base on the coasts of Lithuania）

基地位于立陶宛西部的波罗的海域，年平均风速 8.87m/s，主导风向 W。基地占地面积 601.65km^2，海深小于 50m，离岸距离 15km。基地选址避让了保护区、主要航道等，可装机面积利用率 100%。按照初步开发方案，基地装机容量 3GW，年发电量 12577GWh；项目总投资 48.80 亿美元，综合度电成本 5.71 美分 /kWh。

11.　拉脱维亚海上风电基地（Offshore wind power base on the coasts of Latvia）

基地位于拉脱维亚西部的波罗的海域，年平均风速 8.73m/s，主导风向 WSW。基地占地面积 700.57km^2，海深小于 50m，离岸距离 10km。基地选址避让了保护区、主要航道等，可装机面积利用率 100%。按照初步开发方案，基地装机容量 3.5GW，年发电量 14333GWh；项目总投资 54.10 亿美元，综合度电成本 5.55 美分 /kWh。

12.　爱沙尼亚海上风电基地（Offshore wind power base on the coasts of Estonia）

基地位于爱沙尼亚西部的波罗的海域，由 3 个风电场构成，年平均风速 8.68m/s，主导风向 WSW。基地占地面积 440.59km^2，海深小于 50m，离岸最近距离 12km，最远距离 33km。基地选址避让了保护区、主要航道等，可装机面积利用率 100%。按照初步开发方案，基地装机容量 2.2GW，年发电量 8990GWh；项目总投资 34.73 亿美元，综合度电成本 5.69 美分 /kWh。

13. 芬兰海上风电基地（Offshore wind power base on the coasts of Finland）

基地位于芬兰西部的波罗的海域，由 2 个风电场构成，年平均风速 8.40m/s，主导风向 SSW。基地占地面积 1142.45km^2，海深小于 50m，离岸最近距离 10km，最远距离 25km。基地选址避让了保护区、主要航道等，可装机面积利用率 100%。按照初步开发方案，基地装机容量 5.7GW，年发电量 21875GWh；项目总投资 88.85 亿美元，综合度电成本 5.98 美分 /kWh。

14. 瑞典海上风电基地（Offshore wind power base on the coasts of Sweden）

基地位于瑞典东部的波罗的海域，由 4 个风电场构成，年平均风速 8.63m/s，主导风向 WSW。基地占地面积 2365.16km^2，海深小于 50m，离岸最近距离 10km，最远距离 62km。基地选址避让了保护区、主要航道等，可装机面积利用率 100%。按照初步开发方案，基地装机容量 11.8GW，年发电量 47940GWh；项目总投资 186.08 亿美元，综合度电成本 5.71 美分 /kWh。

15. 挪威海风电基地（Offshore wind power base in Norwegian Sea Area）

基地位于挪威西部的挪威海海域，由 3 个风电场构成，年平均风速 8.39m/s，主导风向 SSW。基地占地面积 1062.29km^2，海深小于 100m，离岸距离 10km。基地选址避让了保护区、主要航道等，可装机面积利用率 90% 以上。按照初步开发方案，基地装机容量 5.1GW，年发电量 18800GWh；项目总投资 80.22 亿美元，综合度电成本 6.32 美分 /kWh。

16. 格陵兰海上风电基地（Offshore wind power base in Greenland）

基地位于格陵兰岛东南部的丹麦海峡和冰岛西南部海域，年平均风速 9.84m/s，主导风向 NE。基地占地面积 2800.61km^2，格陵兰岛东南部风电场海深大于 150m，冰岛西南部海域风电场海深小于 50m，离岸距离分别为 78km 和 10km。基地选址避让了保护区、主要航道等，可装机面积利用率

100%。按照初步开发方案，基地装机容量 14.0GW，年发电量 55675GWh；项目总投资 268.22 亿美元，综合度电成本 7.08 美分 /kWh。

17. 巴伦支海风电基地（Offshore and onshore wind power base of the Barents Sea）

基地位于俄罗斯和挪威北部的巴伦支海域及近海陆地，年平均风速 7.79m/s，主导风向 WSW。基地占地面积 4128.14km²，俄罗斯巴伦支海风电场海深小于 50m，挪威北部巴伦支海风电场海深小于 100m，离岸距离均 10km。基地选址避让了保护区、主要航道等，可装机面积利用率 100%；挪威北部近海陆上风电场海拔高程范围 0~6385m，主要地形为山地，基地选址避让了保护区，考虑地面覆盖物、地形坡度等因素影响，可装机面积 1787.38km²，利用率 75%。按照初步开发方案，基地装机容量 12.3GW，年发电量 45223GWh；项目总投资 173.90 亿美元，综合度电成本 5.24 美分 / kWh。

各大型风电基地主要技术经济指标见表 2-11。

表 2-11　欧洲主要大型风电基地技术经济指标

序号	基地名称	国家	占地面积（km²）	主要地形	年均风速（m/s）	装机规模（MW）	年发电量（GWh）	总投资（亿美元）	度电成本（美分/kWh）
1	英国安格斯电基地	英国	298	山地	7.74	360	1237	3.49	2.66
2	英国东部海上风电基地	英国	6707	海洋	9.29	33500	146776	557.31	5.59
3	比利时海上风电基地	比利时	1265	海洋	9.00	6300	26513	101.87	5.65
4	荷兰海上风电基地	荷兰	1707	海洋	9.84	8500	40249	155.79	5.70
5	德国西北海上风电基地	德国	3181	海洋	9.85	15900	75779	283.18	5.50
6	丹麦西部海上风电基地	丹麦	1702	海洋	10.03	8500	41502	137.16	4.86
7	挪威南部海上风电基地	挪威	1682	海洋	10.23	8400	41916	160.02	5.62
8	丹麦东部海上风电基地	丹麦	902	海洋	9.14	4500	19955	69.60	5.13

序号	基地名称	国家	占地面积（km²）	主要地形	年均风速（m/s）	装机规模（MW）	年发电量（GWh）	总投资（亿美元）	度电成本（美分/kWh）
9	波兰海上风电基地	波兰	2925	海洋	8.86	14600	60913	226.89	5.48
10	立陶宛海上风电基地	立陶宛	602	海洋	8.87	3000	12577	48.80	5.71
11	拉脱维亚海上风电基地	拉脱维亚	701	海洋	8.73	3500	14333	54.10	5.55
12	爱沙尼亚海上风电基地	爱沙尼亚	441	海洋	8.68	2200	8990	34.73	5.69
13	芬兰海上风电基地	芬兰	1142	海洋	8.40	5700	21875	88.85	5.98
14	瑞典海上风电基地	瑞典	2365	海洋	8.63	11800	47940	186.08	5.71
15	挪威海风电基地	挪威	1062	海洋	8.39	5100	18800	80.22	6.32
16	格陵兰海上风电基地	丹麦、冰岛	2801	海洋	9.84	14000	55675	268.22	7.08
17	巴伦支海风电基地	俄罗斯、挪威	4128	海洋、近海岸山地	7.79	12300	45223	173.90	5.24
合计			—	—	—	158164	680253	2630.21	—

2.3.4 基地选址研究

本报告给出了英国安格斯和英国东部海域 2 个风电基地选址研究的详细结果，可供项目开发研究参考。

2.3.4.1 英国安格斯风电基地

1. 主要开发条件分析

风资源条件。安格斯（Angus）风电基地位于英国安格斯东北部，距地面100m 高度的全年平均风速范围 7.26~8.22m/s，综合平均风速 7.74m/s，区域主导风向 SW，总体资源条件优越，适宜进行风能资源的规模化开发。风速图谱如图 2-15 所示。

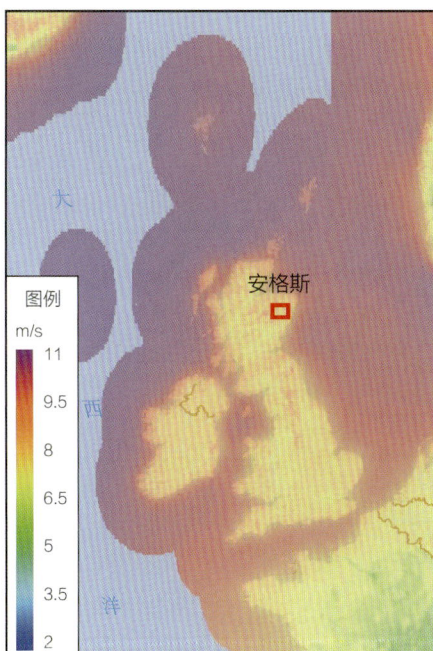

图 2-15　安格斯风电基地风速分布示意图

地形地貌。区域地处苏格兰东部山地，东临北海（North Sea），西临凯恩戈母斯国家公园（Cairngorms National Park）。区域内的海拔高程范围110~734.5m，最大坡度26.8°，基本为山地和丘陵，可以开发大型山地风电基地。

主要限制性因素。安格斯风电基地距北海约20km，占地总面积297.95km²，选址及其周边主要限制因素分布的示意图如图 2-16 所示。区域内地物覆盖类型主要为灌丛。区域内无自然保护区等限制性因素，选址主要避让西北部 2km 处的自然遗迹类保护区以及南部 30km 处的邓迪市（Dundee）和东北部 35km 处的阿伯丁市（Aberdeen）人口密集区。交通设施方面，南部32km 处有 Dundee 机场，42km 处有 Leuchars 机场，东南部 10km 和北部8km 处有公路通过。电网电源方面，有 1 条双回线 300kV 交流输电通道经过基地东南部，接入电网条件较好。东北部约 7km 处有一座 57.5MW 风电厂。

基地范围内变质岩、酸性深成岩主要发育。南部边缘有接触断层和裂谷分布，距离最近的存在历史地震记录的地区约 200km，地质结构稳定。如图 2-17 所示。区域内无大型城镇等人类活动密集区，距离最近人口密集区域（3.5 万人 / km²）超过 25km，距离基地最近的大型城市为邓迪市（Dundee）。

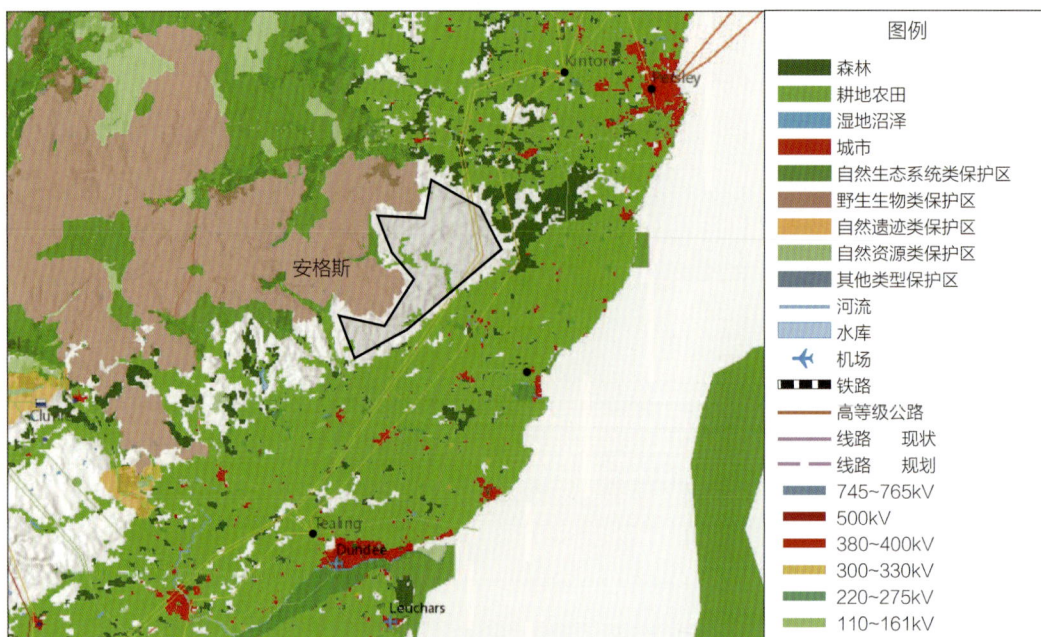

图 2-16　安格斯风电基地选址示意图

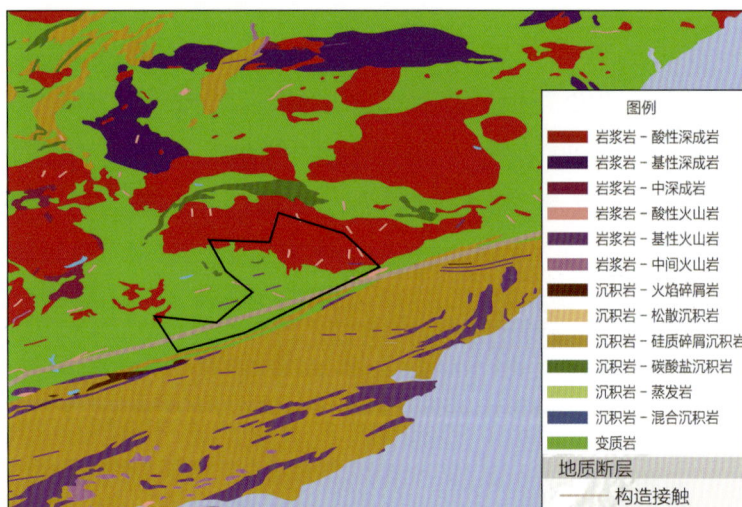

图 2-17　安格斯风电基地岩层分布及地质情况示意图

2. 开发规模与资源特性

经测算，基地风能资源理论蕴藏总量为 12389GWh/a。装机规模 360MW，年发电量 1237GWh，利用小时数 3436。基地风能年发电量的地理区域分布示意如图 2-18（a）所示。基地地形起伏相对较大，装机和发电量的地理分布与地形坡度变化相近；基地 8760 逐小时出力系数热力分布如图 2-18（b）所示，其横坐标代表 24 小时，纵坐标代表 365 天，反映了 8760 小时中风电出力随时间变化的规律。

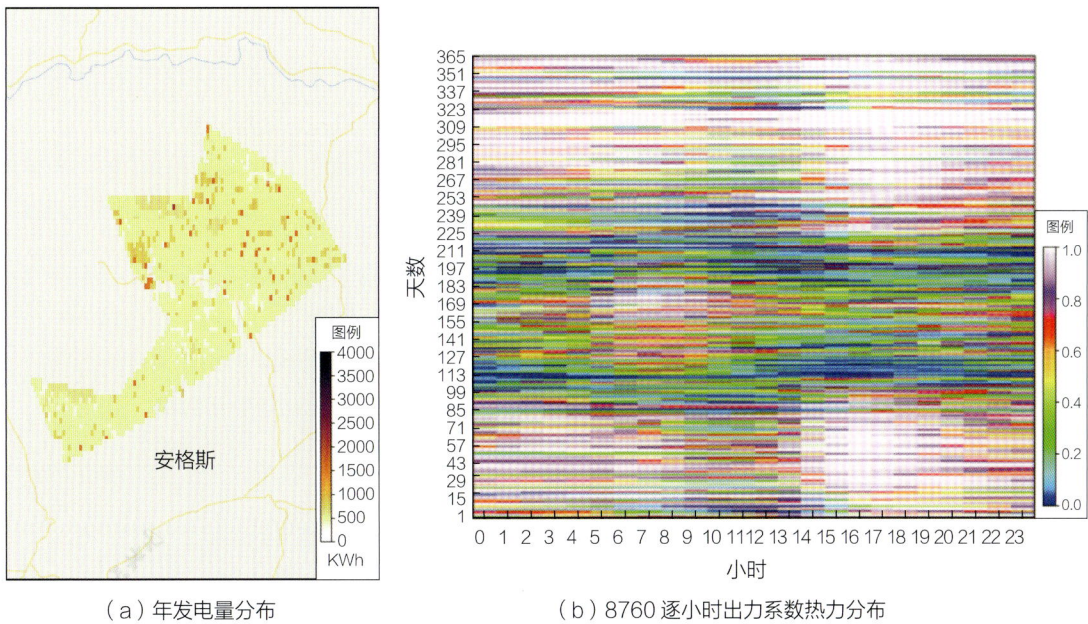

|（a）年发电量分布|（b）8760逐小时出力系数热力分布|

图 2-18　安格斯风电基地年发电量分布和 8760 逐小时出力系数热力分布图

　　选择代表点对基地发电特性进行分析。基地的风向玫瑰图和风速威布尔分布图如图 2-19 所示，风速和风功率的典型日变化和年变化曲线如图 2-20 所示，对应风能发电出力的典型日变化和年变化曲线如图 2-21 所示。从风频分布来看，主要风速分布集中在 6~9m/s。从日变化来看，大风时段主要集中在 12—17 点（世界标准时间，下同。折算到英国当地时间为 12—17 点），中风时段为 8—11 点和 18—20 点，小风时段主要集中在 21 点到次日 7 点。从月度变化来看，10 月至次年 3 月风速大，发电能力强，6—8 月风速小，发电能力低。

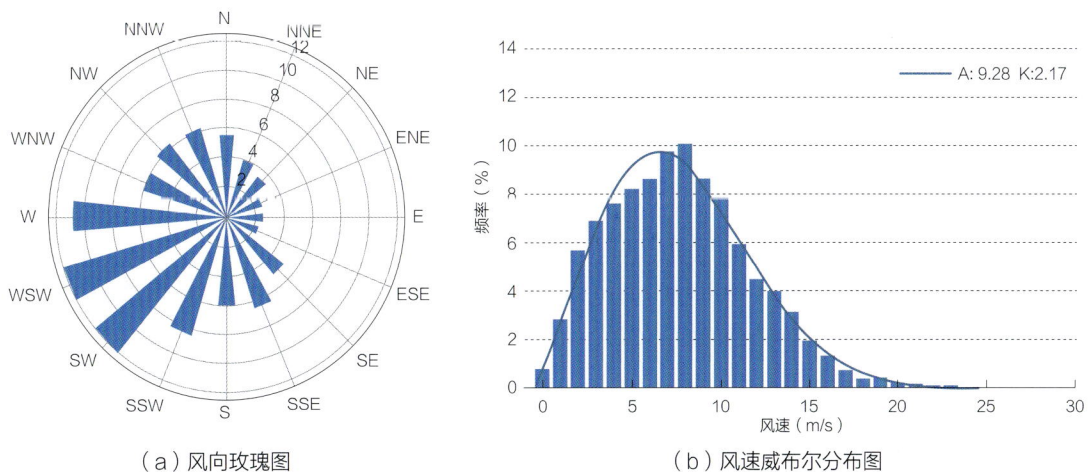

|（a）风向玫瑰图|（b）风速威布尔分布图|

图 2-19　安格斯风电基地风向玫瑰图和风速威布尔分布图

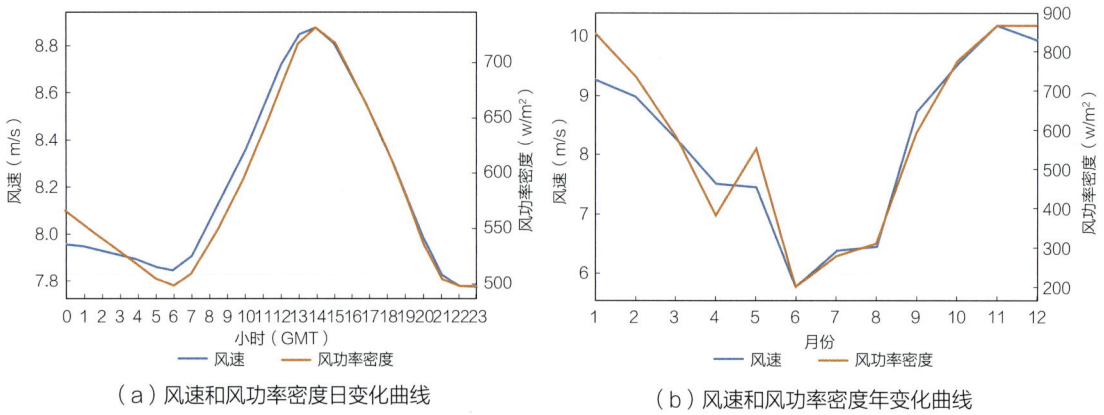

（a）风速和风功率密度日变化曲线　　　　　（b）风速和风功率密度年变化曲线

图 2-20　安格斯风电基地风速和风功率密度的典型日变化和年变化曲线

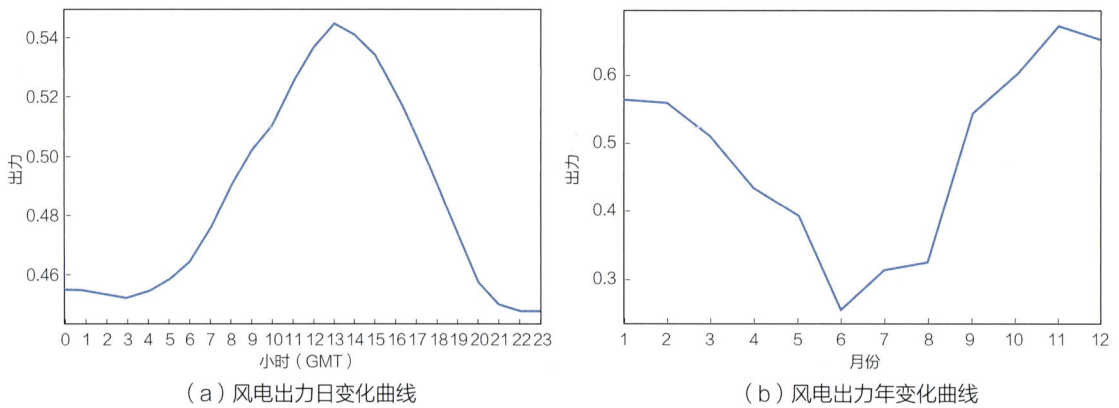

（a）风电出力日变化曲线　　　　　（b）风电出力年变化曲线

图 2-21　安格斯风电基地典型日出力和年出力曲线

3. 工程设想与经济性分析

　　基地装机规模 360MW，暂按单机容量 3.0MW、叶轮直径 140m 的风机开展风机排布研究。综合考虑风向和地形等条件，并基于中国大型风电场设计经验及相关风机排布原则，采用风电基地宏观选址规划数字化方法，开展风机自动排布。风机排布采用不等间距、梅花型布机方式，即每 2 行（沿主风能方向）分别采用 7、10.5 倍叶轮直径不等间距布置，每 6 行设置一条 2.5km 风速恢复带；行内间距（垂直主风能方向）采用 3 倍叶轮直径。按此原则测算，基地内需布置风机 120 台，典型区域布置效果如图 2-22 所示。

　　按照对陆上风电技术装备 2035 年经济性水平预测，综合考虑交通和电网基础设施条件，基地总投资估算 3.49 亿美元，其中并网及交通成本 0.26 亿美元。风电基地投资匡算见表 2-12。按此测算，基地开发后平均度电成本 2.66 美分 /kWh。基于 6% 内部收益率测算的上网电价 3.43 美分 / kWh。

图 2-22 安格斯风电基地部分区域风机布置示意图

表 2-12 安格斯风电基地投资匡算表

编号	项目内容	安格斯风电基地
1	设备成本（亿美元）	2.34
2	建设成本（亿美元）	0.68
3	其他成本（亿美元）	0.20
4	并网及交通成本（亿美元）	0.26
5	单位千瓦投资（美元）	969

2.3.4.2 英国东部海上风电基地

1. 主要开发条件分析

风资源条件。英国东部海上风电基地（Offshore wind power base on the coasts of eastern UK）位于英国东部的北海海域，距地面 100m 高度的全年平均风速范围 8.32~9.86m/s，综合平均风速 9.29m/s，区域主导风向 SW，总体资源条件优越，适宜进行风能资源的规模化开发。风速图谱如图 2-23 所示。

海深。区域地处英国东部的北海（North Sea）海域，由 5 个风电场构成，区域内海深均小于 50m，可以开发大型海上风电基地。

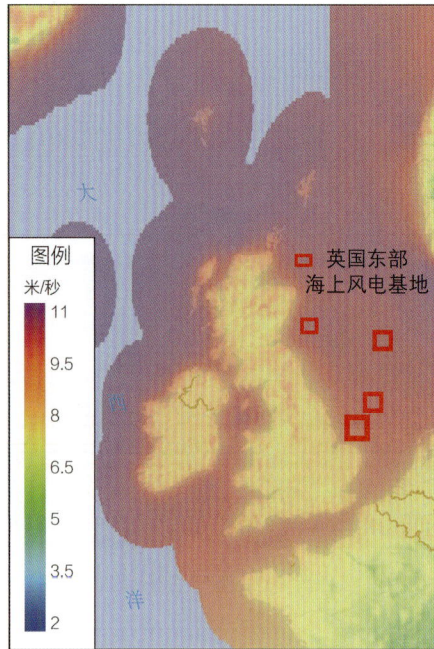

图 2-23　英国东部海域风电基地风速分布示意图

主要限制性因素。英国东部海上风电基地风电场离岸最近 10km，最远 180km，占地总面积 6707.33km²，选址及其周边主要限制因素分布的示意图如图 2-24 所示。选址主要避让自然生态系统类保护区、自然资源类保护区、港口、主要航线。

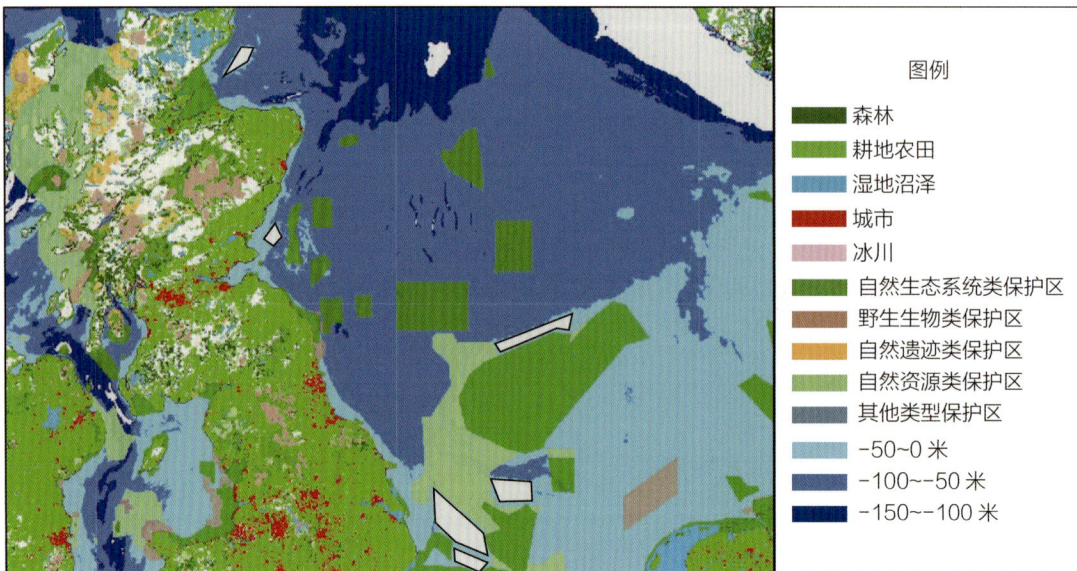

图 2-24　英国东部海域风电基地选址示意图

交通设施方面。距离风电基地最近的大型港口城市为赫尔河畔金斯顿（Kingston upon Hull），距离南部风电场 100km。电网电源方面，英国东部海岸电网基础建设完善，主要为 220kV 和 380kV 输电通道，南部风电场附近有若干已建海上风电厂，接入电网条件较好。基地选址及其交通和并网情况示意图如图 2-25 所示。

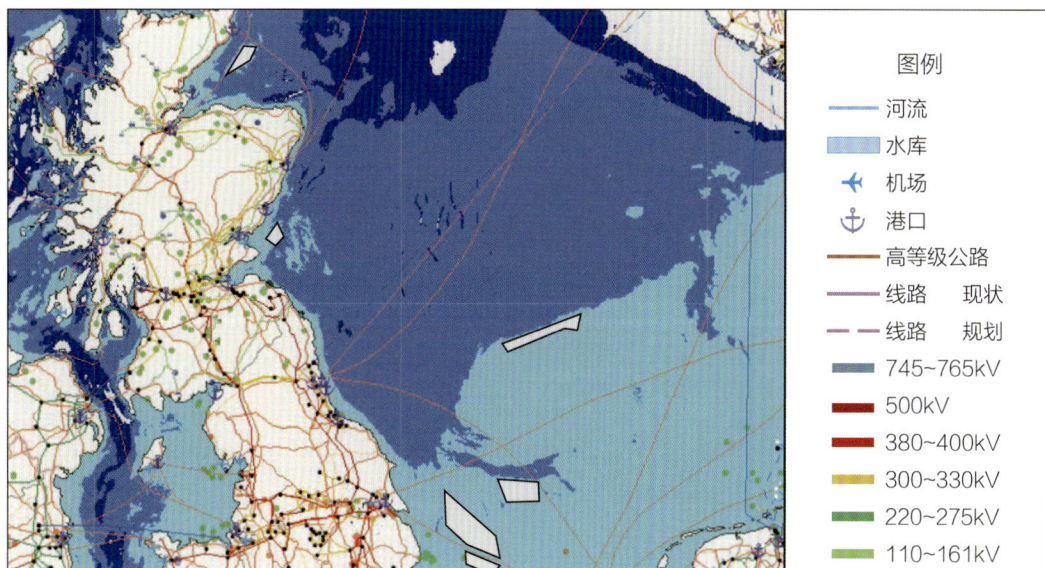

图 2-25　英国东部海域风电基地交通和并网情况示意图

2. 开发规模与资源特性

经测算，基地风能资源理论蕴藏总量为 465082GWh/a。装机规模 33.50GW，年发电量 146776GWh，利用小时数 4381。南部风电场装机容量最大，为 18.5GW。以南部风电场为例，风能年发电量的地理区域分布示意图如图 2-26（a）所示。基地 8760 逐小时出力系数热力分布如图 2-26（b）所示，其横坐标代表 24 小时，纵坐标代表 365 天，反映了 8760 小时中风电出力随时间变化的规律。

选择代表点对基地发电特性进行分析。基地的风向玫瑰图和风速威布尔分布图如图 2-27 所示，风速和风功率的典型日变化和年变化曲线如图 2-28 所示，对应风能发电出力的典型日变化和年变化曲线如图 2-29 所示。从风频分布来看，主要风速分布集中在 9~12m/s。从日变化来看，大风时段主要集中在

19—22 点（世界标准时间，下同。折算到英国当地时间为 19—22 点），中风速时段在 0—6 点，小风时段主要集中在 12—16 点。从月度变化来看，10 月至次年 2 月风速大，发电能力强，4—8 月风速小，发电能力低。

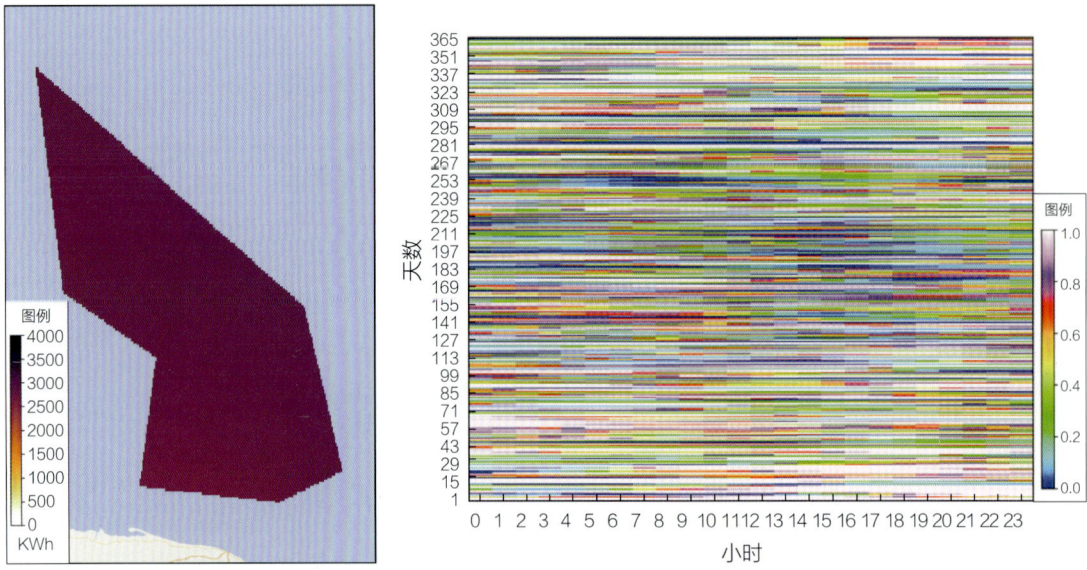

（a）年发电量分布 　　　　（b）8760 逐小时出力系数热力分布

图 2-26　英国东部海上风电基地南部风电场的年发电量分布和 8760 逐小时出力系数热力分布图

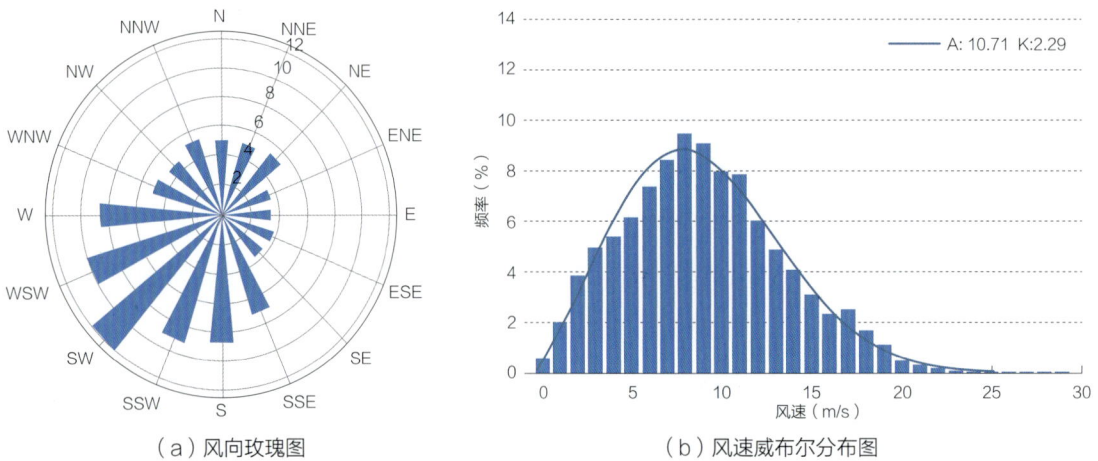

（a）风向玫瑰图 　　　　（b）风速威布尔分布图

图 2-27　英国东部海上风电基地风向玫瑰图和风速威布尔分布图

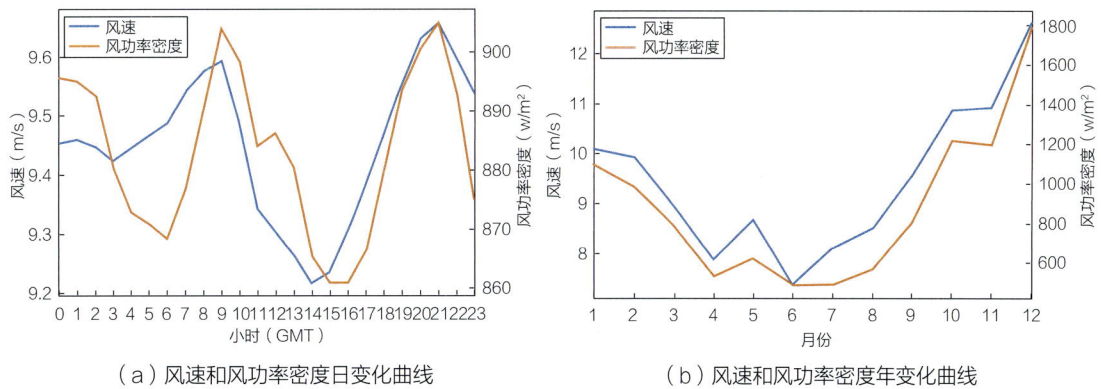

（a）风速和风功率密度日变化曲线　　　（b）风速和风功率密度年变化曲线

图 2-28　英国东部海上风电基地风速和风功率密度的典型日变化和年变化曲线

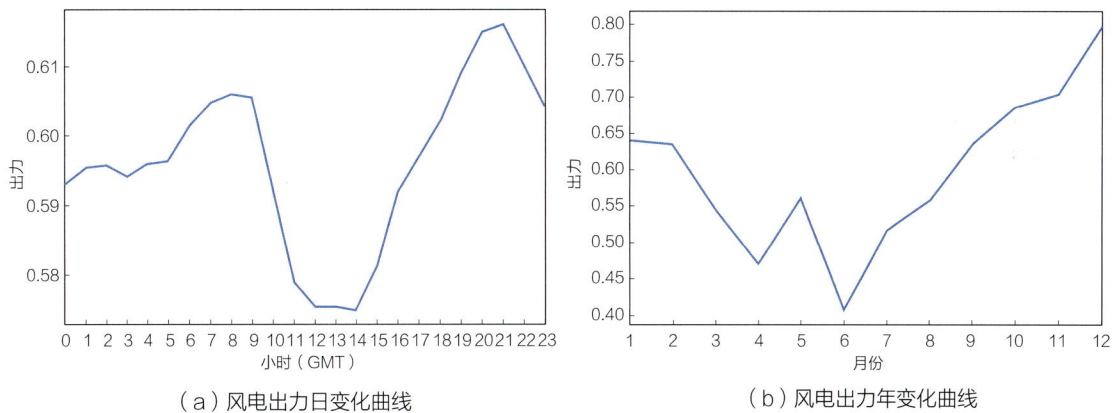

（a）风电出力日变化曲线　　　（b）风电出力年变化曲线

图 2-29　英国东部海上风电基地典型日出力和年出力曲线

3. 工程设想与经济性分析

　　基地装机规模 33.50GW，暂按单机容量 10MW、叶轮直径 185m 的风机开展风机排布研究。综合考虑风向和地形等条件，并基于中国大型风电场设计经验及相关风机排布原则，采用风电基地宏观选址规划数字化方法，开展风机自动排布。风机排布采用不等间距、梅花型布机方式，即每 2 行（沿主风能方向）分别采用 7、10.5 倍叶轮直径不等间距布置，每 6 行设置一条 2.5km 风速恢复带；行内间距（垂直主风能方向）采用 3 倍叶轮直径。按此原则测算，基地内需布置风机 3350 台，典型区域布置效果如图 2-30 所示。

图 2-30　英国东部海上风电基地南部风电场部分区域风机布置示意图

按照对海上风电技术装备 2035 年经济性水平预测，综合考虑交通和电网基础设施条件，英国东部海上风电基地总投资估算 557.31 亿美元，其中并网及交通成本 73.44 亿美元。风电基地投资匡算见表 2-13。按此测算，基地开发后平均度电成本 5.59 美分 / kWh。基于 6% 内部收益率测算的上网电价 6.63 美分 / kWh。

表 2-13　英国东部海上风电基地投资匡算表

编号	项目内容	英国东部海域风电基地
1	设备成本（亿美元）	279.67
2	建设成本（亿美元）	183.48
3	其他成本（亿美元）	20.72
4	并网及交通成本（亿美元）	73.44
5	单位千瓦投资（美元）	1664

3 太阳能资源评估与开发

欧洲太阳能资源较好，开发潜力一般。本报告对欧洲 46 个国家和地区进行了评估，测算得出欧洲太阳能光伏资源理论蕴藏总量约 9550.1PWh/a，适宜集中开发的装机规模约 10.4TW，主要分布在欧洲南部地区，年发电量 14.1PWh。综合考虑资源特性和开发条件，采用数字化平台，开展了西班牙安达卢西亚光伏基地的选址方案研究，提出了主要技术和经济性指标，总装机规模 720MW。

3.1 方法与数据

太阳能是太阳以电磁波辐射形式投射到地球的能量，包括直接辐射和散射辐射。太阳能水平面总辐射量（Global Horizontal Irradiance，GHI）是指在给定时间段内水平面总辐照度的积分总和，是影响光伏发电能力的主要因素。资源评估所需基础数据主要包括资源类数据、地理信息类数据以及人类活动和经济性资料等。

本报告选用理论蕴藏量、技术可开发量和经济可开发量 3 个指标开展太阳能资源的评估测算。

3.1.1 资源评估方法

太阳能光伏发电的理论蕴藏量是指评估区域内地表接收到的太阳能完全转化为电能的能量总和（不考虑发电转化效率），单位为 kWh。光伏发电理论蕴藏量数字化评估是将选择区域内每个格点面积与该格点对应的太阳水平面总辐射量乘积并累加。

太阳能光伏技术可开发量是指在评估年份技术水平下，剔除因地形、海拔、土地利用及辐射资源水平限制后，区域内可利用面积上的装机容量总和，单位为 kW。评估分析主要包括可用面积计算、装机面积计算、装机密度计算 3 个关键环节，评估流程如图 3-1 所示。具体上，光伏技术可开发量评估测算的关键在于剔除不宜开发光伏土地面积。一方面，选定区域扣除光伏不宜开发土地面积，得到光伏开发可利用面积，设定适宜开发光伏土地类型的土地利用系数，得到有效装

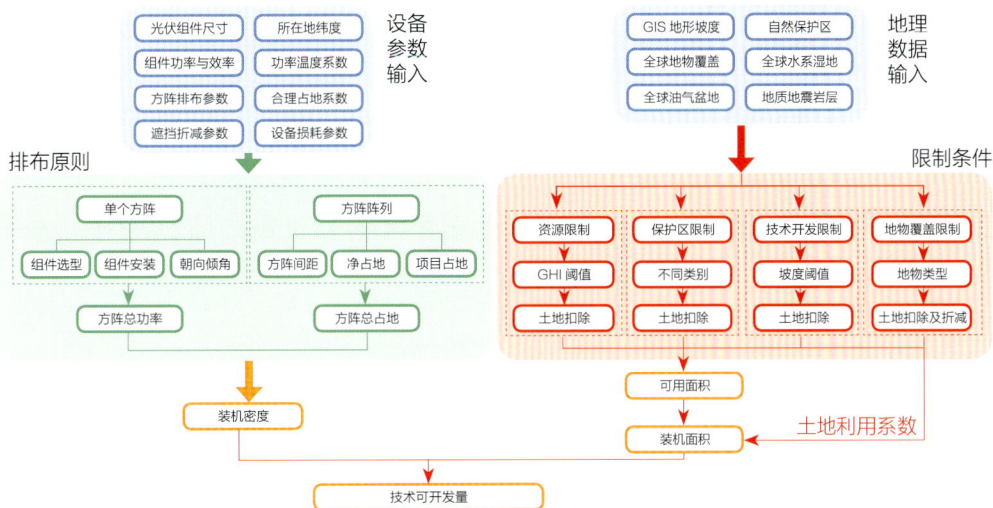

图 3-1　太阳能光伏技术可开发量评估流程

机面积；另一方面，根据当前技术条件下光伏发电组件的设备参数和最佳排布原则，计算单位面积上的光伏发电设备排布方阵的总功率，得出装机密度。计算各格点有效装机面积与装机密度乘积的累加即为太阳能光伏技术可开发量。

在装机容量测算的基础上，考虑遮挡、设备损耗以及气温等因素造成的光伏发电出力损失，计算光伏逐小时发电功率，进而计算得到发电量。

太阳能经济可开发量是指在评估年份技术水平下，技术可开发装机中与当地平均上网电价或其他可替代电力价格相比具有竞争优势的光伏装机总量，单位为 kW。与风电类似，光伏发电经济性评估同样采用了平准化度电成本测算法，主要包含选定待评估地区、确定技术参数、确定成本参数、确定财务参数、确定政策参数、计算度电成本、经济性判断和结果计算等 8 个主要流程，其基本框架与风电经济性评估相同，如图 2-2 所示。结合光伏发电技术特点，报告设定不同的技术参数以及成本参数，实现太阳能光伏资源经济可开发量评估。

光伏开发经济性分析中，基地的建设投资除了设备成本、建设成本（不含场外道路）、运维成本等外，与风电相似，同样需要重点计算并网成本和场外交通成本。光伏资源开发的并网成本测算方法与风电类似，如图 2-3 所示。光伏资源开发的场外交通成本采用了交通成本因子法，计算待开发格点的最短公路运距，结合不同地区场外运输道路平均单位里程成本，量化测算每个格点待开发资源量的场外交通成本影响。

3.1.2　宏观选址方法

　　光伏电站选址研究应贯彻统筹规划、综合平衡、合理开发的原则。与风电选址研究类似，太阳能光伏发电基地的数字化选址主要流程分为太阳辐射量计算、开发条件分析、数字化选址、电站主要技术参数计算、阵列排布、发电量与度电成本估算等，宏观选址流程图如图 3-2 所示。

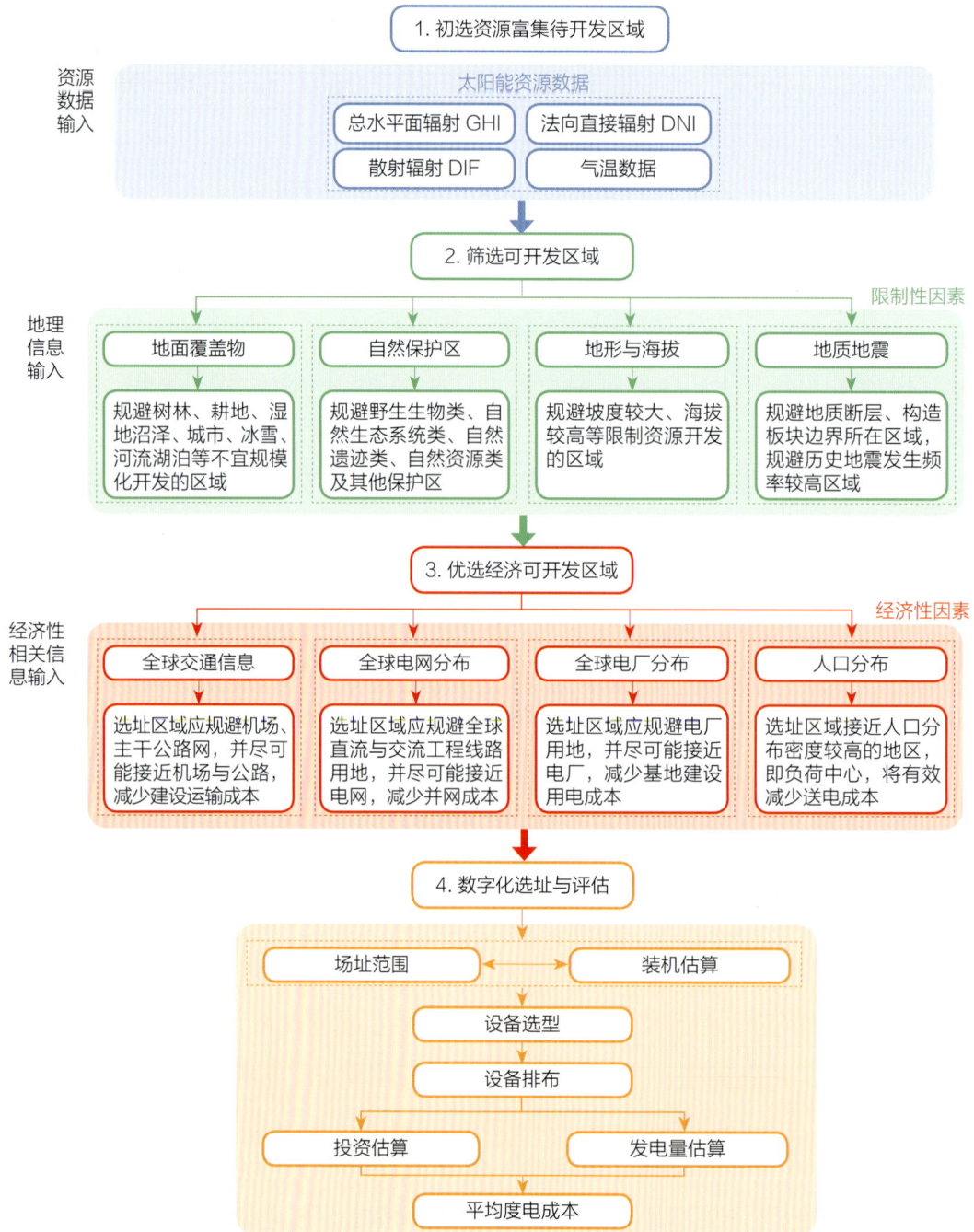

图 3-2　光伏电场宏观选址流程示意图

具体的，开展光伏选址研究需充分了解区域的太阳能资源状况，通过分析太阳能资源的时间与空间特性，寻找适宜建站的区域，再基于地理信息技术的规划方法，以地形、太阳辐射数据和地理数据为基础，利用空间分析工具筛选适宜的开发用地，详细考虑地形地貌、保护区、土地利用、林业以及工程安全等限制性因素，选取没有或较少限制性因素、工程建设条件好的区域作为选址区域。在获得可开发区域初选的基础上，根据电站设备选型计算阵列最佳倾角与间距，评估光伏发电的技术可开发量，开展光伏组件自动化排布，计算得到电站装机容量、发电量、年利用小时数、出力特性等技术参数，并结合初选场址的并网条件、外部交通条件开展经济性测算分析，获得经济可开发量评估、匡算投资以及平均度电成本。

3.1.3 基础数据与参数

3.1.3.1 基础数据

为实现数字化太阳能资源评估，报告建立了资源类、地理信息类、人类活动和经济性资料等 3 类 16 项覆盖全球范围的资源评估基础数据库。

其中，太阳能资源数据采用了 SolarGIS 计算生产的全球太阳能气象资源据 ❶，包括水平面总辐射量、法向直接辐射量、温度等，时间分辨率为典型年的逐小时数据，覆盖北纬 60° 至南纬 55° 区域，空间分辨率为 9km×9km，其他的关键基础数据介绍见表 3-1。

表 3-1 全球太阳能资源和地理信息基础数据

序号	数据名称	空间分辨率	数据类型
1	全球太阳能资源数据	9km×9km	栅格数据
2	全球地面覆盖物分类信息	30m×30m	栅格数据
3	全球主要保护区分布	—	矢量数据
4	全球主要水库分布	—	矢量数据
5	全球湖泊和湿地分布	1km×1km	栅格数据
6	全球主要断层分布	—	矢量数据

❶ 资料来源：Solargis Solar Resource Database Description and Accuracy, 2016October.

序号	数据名称	空间分辨率	数据类型
7	全球板块边界分布 空间范围：南纬66°—北纬87°	—	矢量数据
8	全球历史地震频度分布	5km×5km	栅格数据
9	全球主要岩层分布	—	矢量数据
10	全球地形卫星图片	0.5m×0.5m	栅格数据
11	全球地理高程数据 空间范围：南纬83°—北纬83°间陆地	30m×30m	栅格数据
12	全球海洋边界数据	—	矢量数据
13	全球人口分布	900m×900m	栅格数据
14	全球交通基础设施分布	—	矢量数据
15	全球电网地理接线图	—	矢量数据
16	全球电厂信息及地理分布	—	矢量数据

注：2~16项数据来源同表1-1。

3.1.3.2 计算参数

本报告重点关注并评估全球范围内适宜集中式开发的太阳能光伏资源，将低辐照区域、保护区、森林、耕地和城市等区域作为不适宜集中式开发的区域排除在外；同时，报告也结合欧洲部分国家情况评估了利用耕地、城市等区域进行分布式光伏开发的潜力。

专栏 3-1　　光伏的集中式和分布式开发

在太阳能资源条件好、人口密度低、地形平坦的地区，大面积连片开发光伏资源，集中接入电网，工程的建设、运维集约化、效率高，可以显著减低工程投资，获得大规模清洁电力，有利于加快能源清洁转型。与风电开发相似，集中式光伏电站作为大型电力基础设施建设要求高，对土地资源利用有较严格的要求，不能占用各类自然保护区、文物和风景名胜区、林地和耕地等，一般选址在草原和荒漠，或太阳能资源条件优越的丘陵，典型开发场景如专栏3-1图1、图2所示。中国西北部的新疆、青海及甘肃等省份，太阳辐射强烈且可用土地资源丰富，适

专栏 3-1 图 1　集中式平原光伏电站

专栏 3-1 图 2　集中开发的丘陵光伏电站

宜集中开发光伏电站，近十年来不断加速并快速建立和完善了光伏设计、制造、建设和运维产业链，成本显著下降。

　　分布式光伏发电，一方面由于装机规模小、占地面积小，能够采取灵活形式进行储能和供能，适宜偏远村落、海岛等电网设施欠发达的地区；另一方面，适宜于在用电负荷附近，利用工业园区开阔地带以及厂房屋顶等进行光伏发电，如专栏 3-1 图 3 所示，或者利用鱼塘、山地等特殊地形开展农光互补等综合光伏开发利用。分布式光伏发电不以大规模、远距离输送电力为目的，产生的清洁电力就近接入当地电网消纳。

2015 年开始，中国采取了"集中"和"分散"并举的策略❶，预计到 2020 年分布式光伏装机总量达到 100GW。

专栏 3-1 图 3　分布式光伏开发

1. 技术指标测算参数

结合工程建设实践，一般认为水平面年总辐射量（GHI）低于 1MWh/m² 的区域，光照条件不理想，开发经济性差，不宜进行集中式光伏开发。海拔超过 4500m 的高原地区多有冰川、常年冻土等分布，影响工程建设，光伏开发技术难度大、经济性差；同时高原生态脆弱，大型工程建设后的地表植被恢复困难。地形坡度大于 30 度的区域，在目前技术水平下开发难度大、经济性差，排除在开发范围外。野生生物、自然环境、风景名胜等各类保护区，森林、耕地、湿地沼泽、城市、冰雪等地面覆盖物类型的区域不宜集中式开发。对于适宜集中式开发的灌丛、草本植被以及裸露地表等 3 种区域类型，结合光伏发电技术特点以及当前设备水平，分别设置了利用系数。具体技术指标和参数见表 3-2，按此推荐参数计算得到的结果是评估范围内适宜集中开发的光伏技术可装机规模，报告后文也简称为"技术可开发量"。

---

❶ 资料来源：2016 年 11 月国家发展改革委、国家能源局下发《电力发展"十三五"规划》。

表 3-2　全球太阳能资源评估模型采用的主要技术指标和参数

类型	限制因素	阈值	集中式开发参数（%）	分布式开发参数（%）
资源限制	GHI	>1MWh/m²	—	—
技术开发限制	陆地海拔	<4500m	—	—
保护区限制	自然生态系统	不宜开发	0	0
	野生生物类	不宜开发	0	0
	自然遗迹类	不宜开发	0	0
	自然资源类	不宜开发	0	0
	其他保护区	不宜开发	0	0
地物覆盖限制	树林	不宜开发	0	0
	耕地	不宜开发	0	10
	湿地沼泽	不宜开发	0	0
	城市	不宜开发	0	25
	冰雪	不宜开发	0	0
	灌丛	适宜开发	50	0
	草本植被	适宜开发	80	0
	裸露地表	适宜开发	100	0
地形坡度限制	>30°	不宜开发	0	0

结合待评估地区具体情况，调整并设置相关参数，亦可得到当前技术水平下分布式光伏的可开发装机规模。对于耕地，考虑在田埂、鱼塘等空地合理设置少量光伏板，可以在开发利用太阳能发电的同时保证农作物光照，分布式开发的土地利用参数设置为 10%；对于城市，考虑充分利用建筑物屋顶、工业园区空地等区域，在保障城市绿化要求的前提下合理布置光伏板，分布式开发的土地利用参数设置为 25%。

2. 经济指标测算参数

与风电开发相似，研究同样采用平准化度电成本法建立了一种适用于光伏资源经济可开发量的计算模型，以及光伏开发投资水平预测模型。基于多元线性回归预测法与神经元网络关联度分析法，结合欧洲发展水平以及光伏技术装备与非技术类投资成本的预测结果，提出了 2035 年欧洲光伏综合初始投资的组成及其推荐取值，并给出了财务参数推荐取值，并网成本参数与风电开发相同，详情见表 3-3 和表 3-4。其中，场外交通成本按照中国工程经验，综合山地、平原、二级公路建设费用水平进行测算；并网成本参照中国超高压交流、直流输电工程造价水平进行测算。

表 3-3　欧洲 2035 年光伏开发初始投资组成与推荐取值

序号	投资组成	总造价（美元 / kW）
1	设备及安装	459~506
1.1	设备费	331~365
1.2	安装费	128~141
2	建筑工程	8~9
3	其他	13~14
总计	—	480~529

表 3-4　欧洲 2035 年光伏发电经济性计算的财务参数推荐取值

序号	投资组成	推荐取值
1	贷款年限	7 年
2	贷款比例	70%
3	贷款利率	3%
4	贴现率	2%
5	建设年限	1 年
6	运行年限	20 年
7	残值比例	0%
8	运维占比	1.1%
9	场外交通	1000 美元 / km

3.2 资源评估

太阳辐照强度、地面覆盖物、保护区分布影响区域集中开发利用太阳能的可行性，公路、电网等基础设施条件影响区域太阳能开发的经济性水平。本报告基于覆盖欧洲的数据、信息，采用统一指标和参数完成了欧洲太阳能资源评估研究。

3.2.1 水平面总辐射量分布

本报告采用 SolarGIS 计算生产的太阳能资源数据开展光伏资源评估测算，资源数据包括：水平面总辐射量、法向直接辐射量和温度等。欧洲太阳能开发潜力一般，其太阳能水平面总辐射量分布情况如图 3-3 所示。欧洲南部沿地中海地区的葡萄牙、西班牙、希腊、马耳他、阿尔巴尼亚等国的太阳能资源条件相对较好，区域内平均年水平面总辐射量在 1500kWh/m² 以上，利于开发大型光伏基地。

专栏 3-2　　　　**全球太阳能资源数据**

　　获取一个地区太阳能资源数据最简单、最准确的方法就是利用地面辐射观测资料，然而地面观测站点数量有限且空间分布不均匀，无法完全满足太阳能资源精细化评估需求。因此，当前全球太阳能资源数据获取以基于卫星遥感资料的物理反演方法为主，并采用高质量的地面辐射观测数据对评估结果进行校准，有效提高数据时空分辨率和精确度。欧洲 GeoModel Solar 公司采用了卫星遥感数据结合辐射传输模拟方法，利用卫星遥感、GIS 地理信息技术和先进的科学算法开展太阳辐射反演模拟计算。基于卫星数据、气象模式再分析数据、地理信息数据并结合地面观测数据，建立了包含一系列高分辨率气象要素的 SolarGIS 数据库，其中，太阳辐射数据包含水平面总辐射 GHI，法向直接辐射 DNI 和散射辐射 DIF。经过对比验证，GHI 数据与地面实测数据对比的误差度在 ±4% 到 ±8% 之间，在高空间分辨率、高品质地面测量、高时间分辨率数据处理算法等方面，该数据产品处于全球先进水平。本报告采用的是 SolarGIS 公司生产的全球陆地主要太阳能资源开发区域（北纬 60° 到南纬 55°）9km 分辨率的太阳能资源图谱及逐小时时间序列数据，该数据也是世界银行 World Bank Solar Atlas 平台的基础数据之一，在全球获得广泛应用。

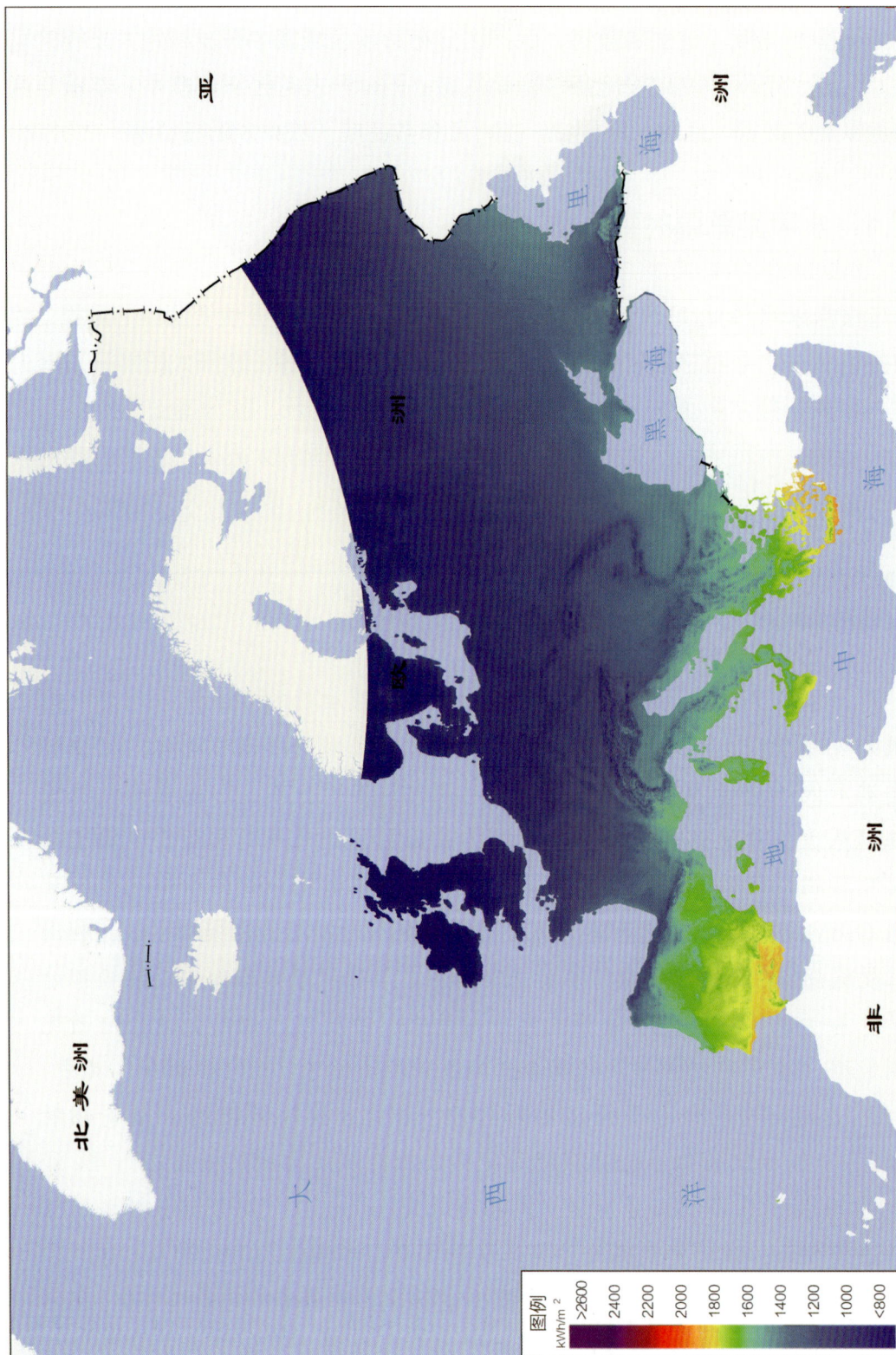

图 3-3　欧洲太阳能水平面总辐射量分布示意图

3.2.2 地面覆盖物

从适宜大规模集中开发的土地资源角度分析，草本植被、灌丛和裸露地表是适宜光伏资源开发的主要地表覆盖物，其分布情况将直接影响太阳能资源评估与开发。欧洲西部、中部和南部地区受海洋影响，气候温和、降雨丰富，适宜耕种和畜牧业发展，地物覆盖以耕地和城市为主，东部为温带大陆性气候，地物覆盖以森林为主。欧洲适宜太阳能集中开发的土地资源十分有限，仅散布于欧洲南部地区和高纬度的挪威、英国等。图 3-4 所示为欧洲上述 3 种适宜光伏集中开发的地面覆盖物分布的情况。

3.2.3 地形分布

地形条件对光伏等新能源资源开发有较大影响，主要包括海拔高度和地形坡度 2 个方面。

海拔高度方面，高海拔地区大气散射作用减弱，有利于光伏发电，但是 4500m 以上高原地区多有冰川、常年冻土等分布，影响工程建设，光伏开发技术难度大、经济性差；同时高原生态脆弱，大型工程建设后的地表植被恢复困难。欧洲陆地主要是海拔 500m 以内的平原，影响集中式光伏开发的高海拔陆地面积很小，欧洲海拔高程分布如图 3-5 所示。

地形方面，地面的坡向和坡度将影响光伏发电装置布置的角度和间距，从而影响单位面积可获得的发电量。采用全球数字高程模型，对全球格点计算坡向（0°—360°）和坡度（0°—90°），结合格点经纬度坐标，形成光伏发电装置倾角和间距计算的重要输入参数。图 3-6 所示为欧洲地形坡度分布示意图。总体来看，坡度低于 1.5° 的平坦区域占比最大，超过总面积的 50%；坡度超过 30° 的陡峭山区分布较少。

图 3-4　欧洲草本植被、灌丛与裸露地表分布情况示意图

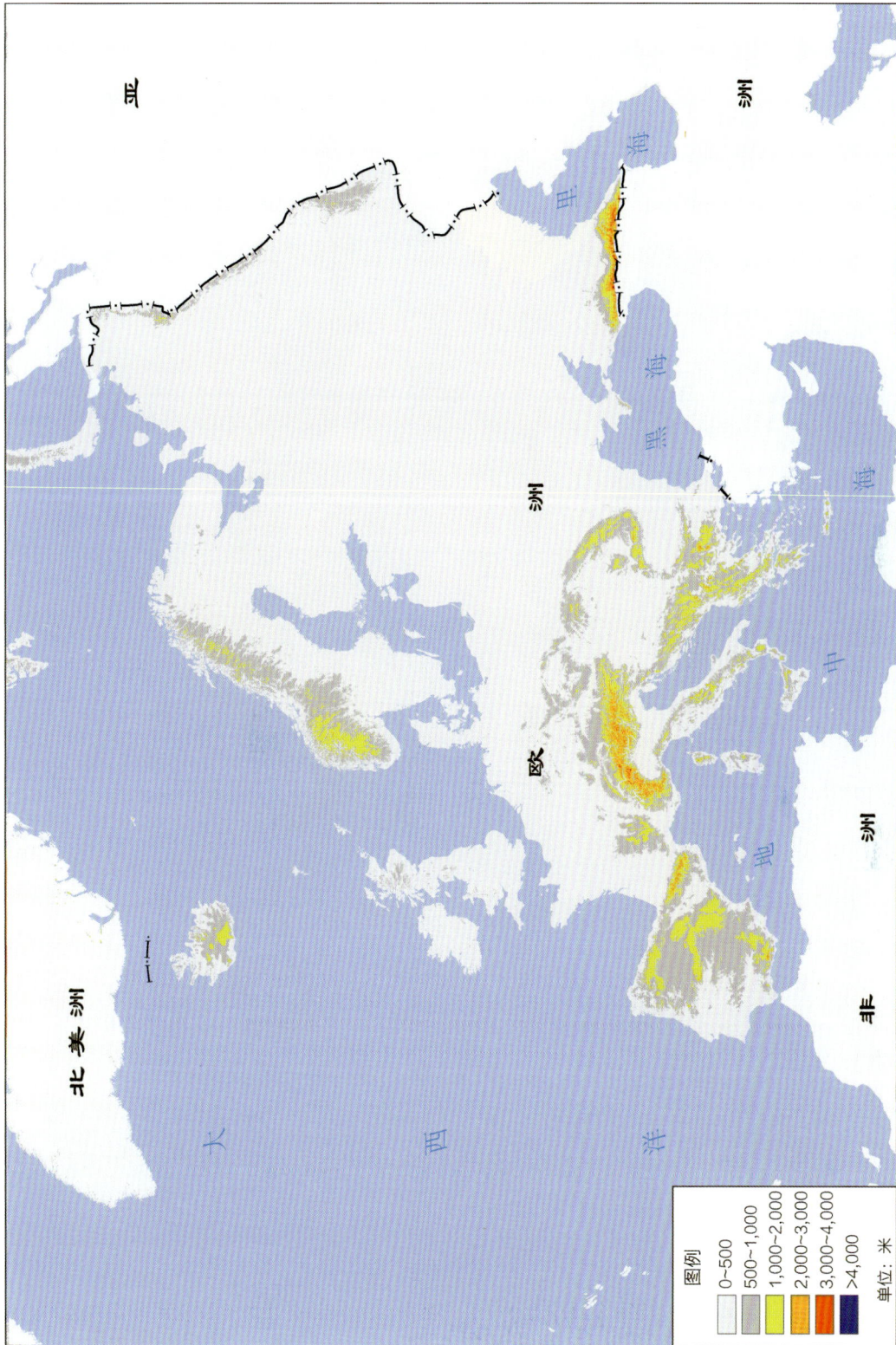

图 3-5 欧洲海拔高程分布示意图

图例
- 0~500
- 500~1,000
- 1,000~2,000
- 2,000~3,000
- 3,000~4,000
- >4,000

单位: 米

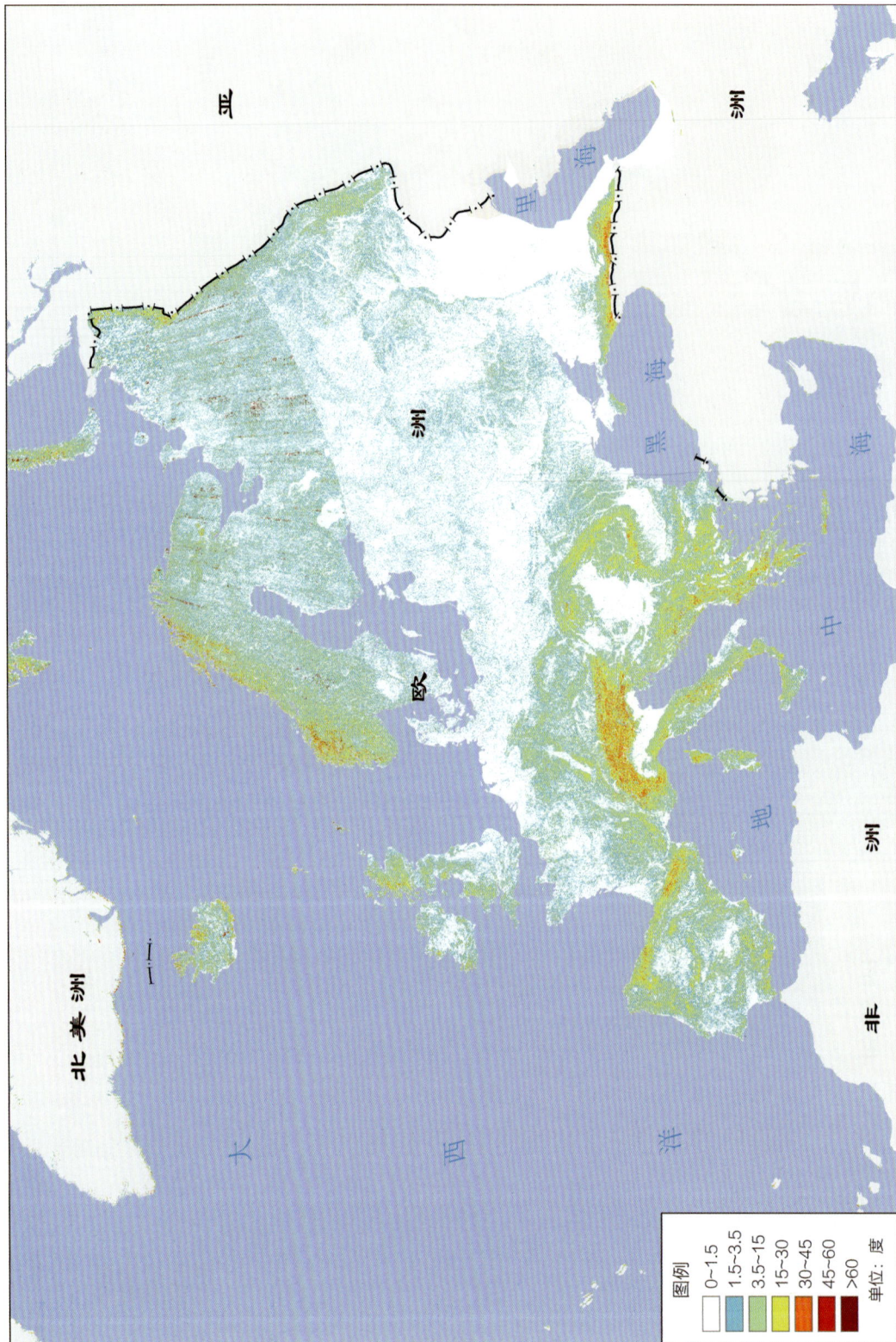

图 3-6　欧洲地形坡度分布示意图

图例

0~1.5
1.5~3.5
3.5~15
15~30
30~45
45~60
>60

单位：度

3.2.4 评估结果

1. 理论蕴藏量评估

根据太阳能水平面总辐射量数据测算，欧洲太阳能光伏资源理论蕴藏量 9550.1PWh/a，占全球总量的 5%，欧洲南部部分地区具有光伏资源开发潜力。

2. 技术可开发量评估

综合考虑资源和各类技术限制条件后，经评估测算，欧洲太阳能光伏适宜集中开发的规模 10.4TW，年发电量 14.1PWh。

从分布上看，欧洲光伏资源主要分布于南部的西班牙、希腊、意大利、法国、葡萄牙，和东部的俄罗斯、乌克兰等国家，占全洲总量的 60% 以上。上述大部分地区海拔在 2000m 以下，且太阳能资源条件相对较好，但受耕地、城市等地物覆盖限制，大部分地区无法建设集中式光伏基地。总体来看，受地形地貌、地物覆盖等因素的影响，欧洲仅 8% 的区域具备集中开发建设光伏基地的条件。欧洲大部分国家更适宜采用分布式开发模式，利用田间地头的空闲土地、城市屋顶等开发光伏资源。

与风电技术指标相似，采用单位国土面积的年发电量与装机容量的比值，即装机利用小时数（容量因子，Capacity Factor）能够反映区域光伏资源技术开发条件的优劣。欧洲光伏技术可开发区域及其利用小时数分布示意图如图 3-7 所示。

从技术指标来看，全洲光伏技术可开发装机的平均利用小时约 1357 小时（平均容量因子约 0.15），其中马耳他、西班牙、葡萄牙、希腊，光伏利用小时在 1500 以上，开发条件相对较好，最大值出现在西班牙安达卢西亚（Andalucia）的东南部，超过 1700 小时。

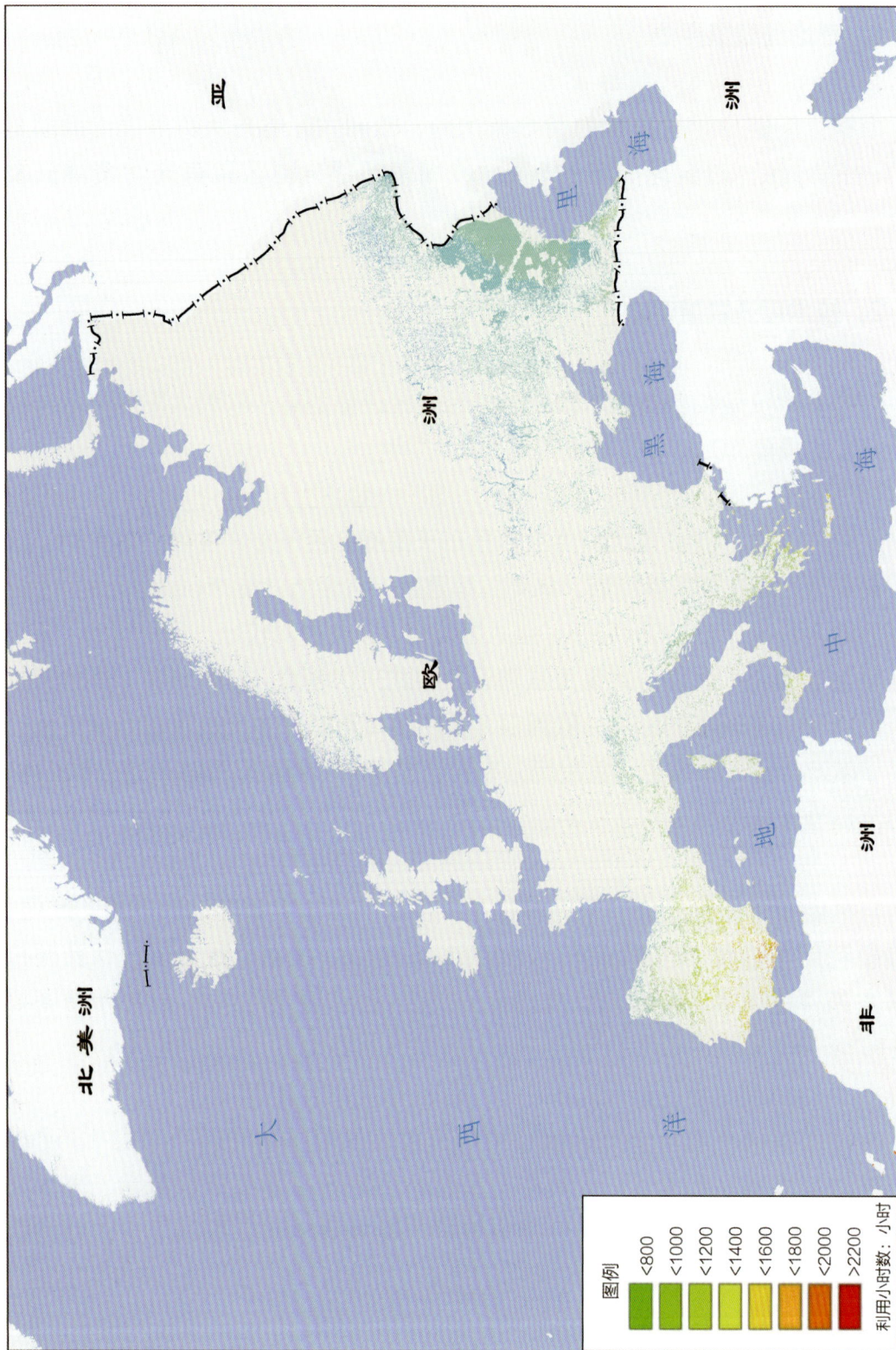

图 3-7 欧洲光伏技术可开发区域及其利用小时数分布示意图

图例

<800
<1000
<1200
<1400
<1600
<1800
<2000
>2200

利用小时数：小时

3. 开发成本评估

按照对光伏技术装备 2035 年经济性水平预测，综合考虑交通和电网基础设施条件，欧洲集中式光伏的平均开发成本[1]为 3.18 美分，各国的平均开发成本在 2.27~9.58 美分之间。按照当前全球约 8 美分的平均电价水平评估[2]，欧洲 98% 的技术可开发装机仍能满足经济性要求。按照全球 3.5 美分光伏平均开发成本评估，欧洲 2035 年造价水平下的光伏经济可开发规模约 7.6TW，技术可开发量占比约 73%。

欧洲光伏资源开发成本分布示意图如图 3-8 所示。南部的葡萄牙、西班牙、意大利、马耳他等国部分地区开发成本较低。

从经济性指标来看，资源条件优异，同时交通、电网基础设施条件相对较好的国家和地区光伏开发成本相对较低，经济性更好。整体而言，大部分国家和地区的最高开发成本均高于 8 美分，标志着欧洲整体不具备大规模开发条件。其中，意大利、法国、乌克兰、西班牙等国家的部分区域存在极高开发成本，与其局部较差的辐照水平、交通及并网条件密切相关。从最经济的开发区域来看，西班牙、意大利、马耳他、葡萄牙、希腊、法国、阿尔巴尼亚、俄罗斯、安道尔等 9 个国家的光伏最低开发成本低于 2.5 美分，开发经济性相对较好，其中开发成本最低的出现在西班牙安达卢西亚（Andalucia）的东南部，为 2.1 美分。从平均水平来看，马耳他的全国平均开发成本最低，为 2.27 美分，其最低开发成本为 2.2 美分。

---

[1] 欧洲集中式光伏的平均开发成本为洲内各国家平均开发成本及其年发电量的加权平均值。

[2] 资料来源：可再生能源发电价格参考国际可再生能源署（IRENA）的报告：《RENEWABLE POWER GENERATION COSTS IN 2018》，燃气、燃煤和核电价格参考国际能源署（IEA）的报告：《Projected Costs of Generating Electricity》.

3.2　资源评估

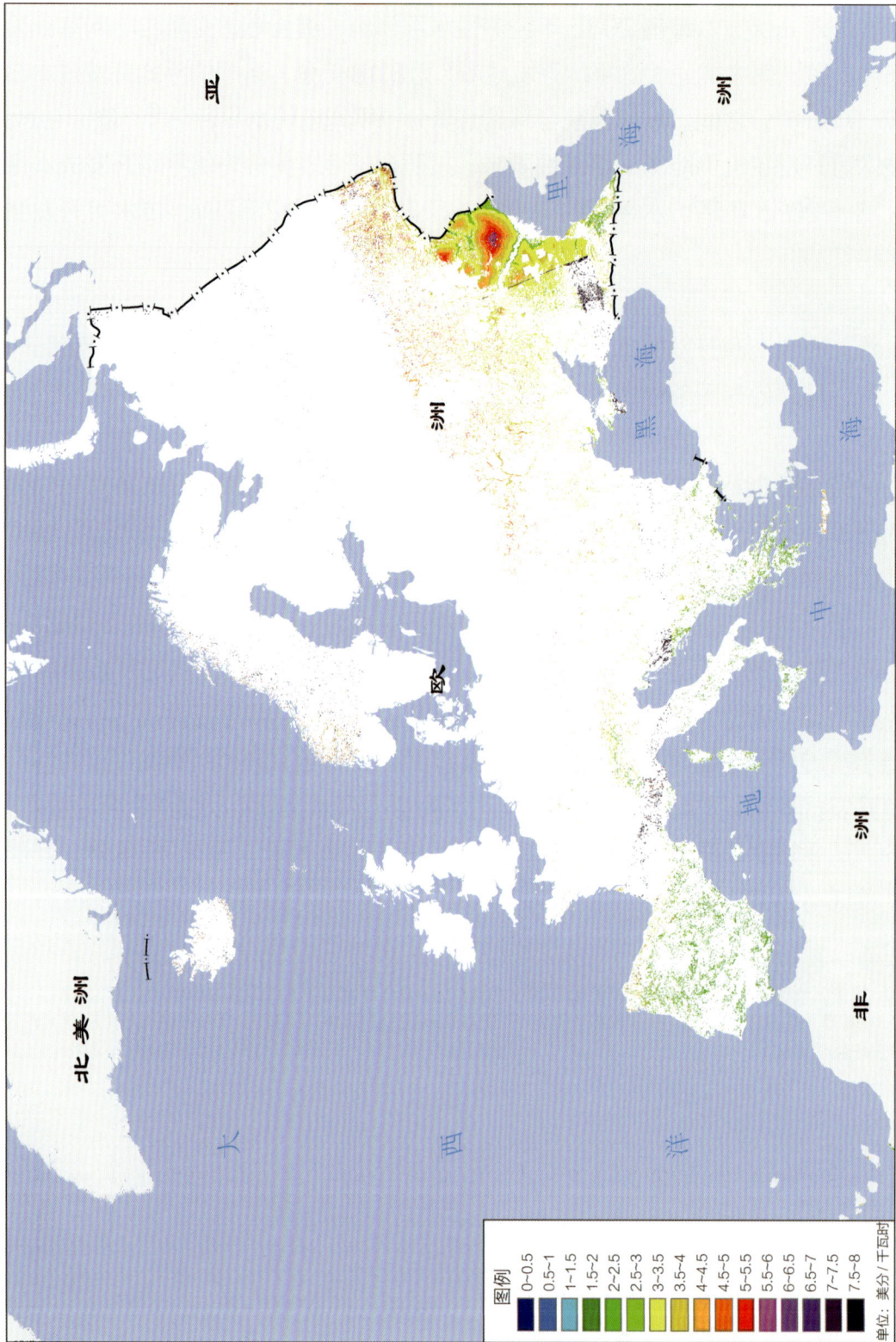

图 3-8 欧洲光伏开发成本分布示意图

图例
0-0.5
0.5-1
1-1.5
1.5-2
2-2.5
2.5-3
3-3.5
3.5-4
4-4.5
4.5-5
5-5.5
5.5-6
6-6.5
6.5-7
7-7.5
7.5-8

单位:美分/千瓦时

西班牙太阳能资源

西班牙地处欧洲南部，国土总面积约 50.59 万 km²。根据数据测算，境内最高海拔高度 3589.5m，最大地形坡度 58.5°。全国光伏资源丰富，GHI 范围为 1143.84~2224.26kWh/m²，区域平均 GHI 约 1660.39kWh/m²。中部和南部具有更高的 GHI。

1. 主要限制性因素

西班牙境内设有不同类型的保护区，总面积约 14.4 万 km²，包括野生生物类保护区 9.6 万 km²、自然资源类保护区 3.9 万 km² 等，以上区域均不宜进行太阳能资源规模化开发，测算结果见专栏 3-3 表 1。

专栏 3-3 表 1 西班牙主要保护区面积测算结果

单位：万 km²

总面积	自然生态系统	野生生物	自然遗迹	自然资源	其他
14.44	0.70	9.58	0.06	3.93	0.17

西班牙地物覆盖类型以耕地为主，面积 25.6 万 km²，占总陆地面积 50.6%；灌丛面积 10.7 万 km²，占总陆地面积 21.2%；森林 9.3 万 km²，占总陆地面积 18.4%。主要地面覆盖物分析结果见专栏 3-3 表 2。灌丛、草本植被和裸露地表适宜集中开发光伏，按照确定的土地利用系数测算，西班牙可进行太阳能集中式开发的面积约 4.5 万 km²，占国土总面积的 8.9%。

专栏 3-3 表 2 西班牙主要地面覆盖物分析结果

单位：万 km²

国土总面积	河流面积	陆地面积								
		总计	森林	灌丛	草本植被	耕地	湿地沼泽	裸露地表	城市	冰雪
50.59	0.38	50.00	9.26	10.73	2.56	25.63	0.02	0.52	1.28	0.00

西班牙历史地震发生频率高的地区主要集中于北部和南部山区，太阳能光伏开发应规避主要地层断裂带、地震带及地震高发区域。西班牙岩层分布以混合沉积岩和碳酸盐沉积岩为主。

西班牙人口 4670 万，人口密集地区主要集中在中部和地中海沿岸地区，规模化开发光伏资源一般应远离人口密集地区。

2. 评估结果

根据测算，西班牙太阳能光伏资源理论蕴藏量 843PWh/a；集中式开发的技术可开发量 1691GW，年发电量 2739TWh，平均利用小时数 1619（容量因子 0.18）。西班牙中部与南部地区光伏装机条件相对较好，部分平原地区的装机能力可以达到 $100MW/km^2$ 以上，全国光伏技术可开发量以及开发成本分布示意图如专栏 3-3 图 1 所示。

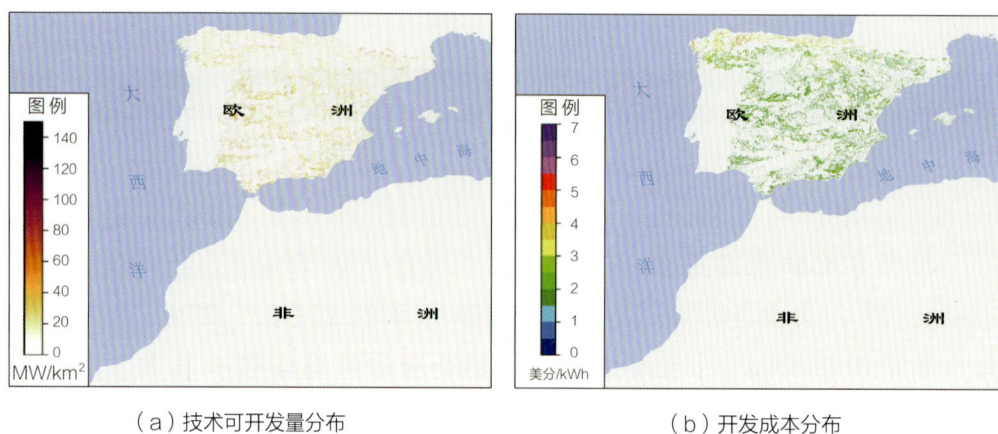

（a）技术可开发量分布   （b）开发成本分布

专栏 3-3 图 1　西班牙光伏技术可开发量以及开发成本分布示意图

根据测算，西班牙光伏的平均开发成本为 2.57 美分 /kWh，其中开发条件最好的地区，开发成本低至 2.10 美分 /kWh。西班牙适合光伏大规模经济开发的区域有限，主要分布于中部和南部地区。

欧洲 46 个国家和地区光伏资源评估结果见表 3-5，包括理论蕴藏量、集中式开发规模以及按国别的平均开发成本。其中，技术可开发量的评估结果是按照本报告 3.1.3 给定的评估参数计算获得，是满足集中式开发条件区域的装机容量，并不包含低辐照和部分可采用分布式开发的农田和城市区域的光伏装机规模。

表 3-5　欧洲 46 个国家和地区太阳能资源评估结果

序号	国家	理论蕴藏量（PWh/a）	集中式开发规模（GW）	年发电量（TWh/a）	可利用小时数（小时）	可利用面积比例（%）	平均开发成本（美分/kWh）
1	挪威	51.8	143.9	136.9	951	19.70	4.59
2	瑞典	137.5	10.0	9.3	935	7.91	6.06
3	芬兰	0.5	0.2	0.2	1060	7.38	5.18
4	冰岛	0	0	0	0	0	—
5	丹麦	43.0	0.8	0.9	1128	0	9.58
	丹麦（欧洲）	42.9	0	0	0	0	—
	丹麦（格陵兰）	0.1	0.8	0.9	1128	0	9.58
6	法罗群岛（丹）	0	0	0	0	0	—
7	爱沙尼亚	45.4	0	0	0	0	—
8	拉脱维亚	65.2	0	0	0	0	—
9	立陶宛	66.8	0	0	0	0	—
10	白俄罗斯	222.2	37.1	40.2	1084	1.24	4.00
11	乌克兰	731.1	691.2	837.1	1211	5.78	3.52
12	摩尔多瓦	43.4	38.6	48.7	1262	5.87	3.21
13	俄罗斯	9214.4	13536.9	17296.7	1278	13.27	3.97
14	德国	385.1	9.2	10.4	1134	0.11	3.6
15	波兰	336.8	6.0	6.5	1088	0.12	4.08
16	捷克	87.8	5.4	6.0	1115	0.39	3.83
17	斯洛伐克	57.6	6.8	8.0	1179	0.77	3.65
18	匈牙利	118.8	24.1	30.5	1266	1.02	3.26
19	罗马尼亚	308.0	93.6	116.5	1244	1.83	3.61
20	保加利亚	156.3	77.3	106.8	1381	2.14	2.9
21	斯洛文尼亚	25.6	1.6	1.9	1232	0.31	3.23
22	克罗地亚	75.8	71.4	98.3	1376	4.39	3.66
23	波斯尼亚和黑塞哥维那	68.5	104.1	141.5	1359	6.79	3.79
24	塞尔维亚	118.7	70.4	93.1	1322	2.74	3.27
25	黑山	19.0	41.2	56.1	1363	9.86	2.95

续表

序号	国家	理论蕴藏量（PWh/a）	集中式开发规模（GW）	年发电量（TWh/a）	可利用小时数（小时）	可利用面积比例（%）	平均开发成本（美分/kWh）
26	北马其顿	37.5	37.2	52.4	1408	4.36	3.06
27	希腊	210.6	548.6	864.9	1576	11.12	3.3
28	阿尔巴尼亚	43.7	106.9	156.9	1468	12.73	2.75
29	英国	229.0	0.2	0.2	1107	0	3.54
30	爱尔兰	64.2	0	0	0	0	—
31	荷兰	36.8	0	0	1102	0.01	4.05
32	比利时	32.7	0	0	0	0	—
33	卢森堡	2.8	0	0	1076	0.12	3.73
34	法国	822.4	284.3	399.4	1405	2.05	4.13
35	摩纳哥	0	—	—	—	—	—
36	西班牙	843.5	1691.8	2739.3	1619	8.95	2.57
37	直布罗陀（英占）	0	0	0	1661	1.38	2.34
38	葡萄牙	148.3	232.0	366.7	1581	7.26	2.54
39	安道尔	0.7	3.1	4.6	1487	26.15	2.63
40	瑞士	50.1	173.4	220.0	1269	20.19	3.09
41	列支敦士登	0.2	0	0	1158	1.74	3.37
42	奥地利	97.5	117.4	139.4	1187	5.48	3.33
43	意大利	444.2	504.8	730.7	1447	5.36	3.09
44	圣马力诺	0.1	0	0	1380	2.62	—
45	梵蒂冈	0	0	0	0	0	—
46	马耳他	0.5	0.3	0.5	1705	1.96	2.27
附1	土耳其（欧）	36.1	74.3	108.3	1457	8.44	2.76
附2	阿塞拜疆（欧）	5.4	8.5	10.9	1281	4.12	3.2
附3	哈萨克斯坦（欧）	13.7	160.4	205.3	1280	64.26	3.78
	总计 *	9550.1	10417.8	14145.5	1358**	8.58***	3.18****

注： * 欧洲总计数据包含土耳其、阿塞拜疆、哈萨克斯坦领土欧洲部分的评估结果，不包含俄罗斯领土的亚洲
　　　部分的评估结果，不包含格陵兰的评估结果；
　　** 欧洲光伏利用小时数为洲内年总发电量与总技术可开发量的比值；
　*** 欧洲光伏可利用面积比例为洲内总可利用面积与全洲总面积的比值；
　**** 欧洲光伏平均开发成本为洲内各国家平均开发成本及其年发电量的加权平均值。

具体来看，欧洲大部分国家和地区不具备集中式光伏开发条件。其中西班牙、葡萄牙、意大利、希腊、等资源相对较好国家，因为森林和耕地覆盖原因，集中式光伏开发条件差；阿尔巴尼亚、安道尔、马耳他等国，国土面积小，集中式光伏开发条件差。上述国家和地区宜结合具体情况采用分布式开发利用太阳能资源。经测算评估，葡萄牙、意大利、马耳他等国的分布式光伏开发规模分别为 178.6、582.3、1.3GW，接近或超过其集中式开发的规模。欧洲适宜分布式开发光伏资源国家的评估结果见表 3-6。

表 3-6　欧洲适宜分布式开发光伏资源国家的评估结果

序号	国家	分布式开发规模（GW）	年发电量（TWh）	可利用面积比例（%）
1	希腊	187.4	293.0	3.6
2	阿尔巴尼亚	24.6	37.1	2.6
3	西班牙	977.5	1609.6	4.9
4	葡萄牙	178.6	288.5	5.0
5	意大利	582.3	862.9	5.9
6	马耳他	1.3	2.3	8.3
7	德国	315.3	399.6	5.8
总计		2267.0	3492.9	5.2

3.3 光伏开发

3.3.1 开发现状

从 2013 年起欧洲光伏装机容量开始较快增长，2018 年总装机容量达到 119.2GW，其中分布式光伏装机约占 60%，欧洲历年光伏总装机容量如图 3-9（a）所示 ❶。其中，德国、意大利、英国、法国和荷兰光伏装机容量较大，分别为 45.9、20.1、13.0、9.0GW 和 4.4GW，发电量分别为 45655、22490、12857、10995GWh 和 3698GWh，具体情况见表 3-7 ❷，各国分布式光伏装机占比均较高。图 3-9（b）所示为欧洲主要国家历年光伏装机容量，由图可知，2010—2018 年，德国和英国光伏装机容量增长较快，光伏集中开发方面，德国最大的光伏电站 Meuro Solar Power Plant，装机容量 166MW。英国最大的光伏电站 MOD Lyneham，装机容量 69.8MW。

根据 IRENA 统计，2013—2018 年，德国加权平均的光伏组件投资水平下降了 34%，从 740 美元 / kW 降至 490 美元 / kW，德国集中开发的光伏加权平均的度电成本下降 40%，从 20 美分 / kWh 降至 12 美分 / kWh。2018 年，德国的光伏电站综合初始投资水平为 1113 美元 /kW❸。

表 3-7　2018 年欧洲主要国家光伏开发情况

国家	光伏装机容量（GW）	光伏发电量（GWh）
德国	45.9（分布式 33.5）	45655
意大利	20.1（分布式 15.8）	22490
英国	13.0（分布式 4.2）	12857
法国	9.0（分布式 4.1）	10995
荷兰	4.4（分布式 3.7）	3698

❶ 资料来源：International Renewable Energy Agency. Renewable capacity statistics 2019[R]. Abu Dhabi: IRENA, 2019.

❷ 资料来源：彭博社 . 全球装机和发电量统计 [EB/OL], 2020-02-24.

❸ 资料来源：International Renewable Energy Agency. Renewable Power Cost in 2018[R]. Abu Dhabi: IRENA, 2019.

（a）欧洲历年光伏总装机容量　　　　　（b）欧洲主要国家历年光伏装机容量

图 3-9　欧洲光伏装机容量

3.3.2　分布式光伏

大型光伏基地宜在技术指标高，开发成本低的区域进行布局。综合当地用电需求，根据欧洲能源互联网主要战略输电通道布局，未来在欧洲主要以光伏分布式开发为主，集中式开发为辅。

欧洲主要通过分布式建筑光伏进行开发。鉴于欧洲土地的森林、耕地、城市等地物覆盖情况，以及土地成本高企、环保要求严格等因素，大规模集中式光伏开发并不适宜，可对现有建筑或新建建筑进行改造升级，通过大力发展工商业建筑光伏、无储能／带储能居民建筑屋顶光伏等灵活、占地小、价格竞争力强的分布式开发模式，提高太阳能资源的利用水平。根据欧洲能源互联网规划研究成果，欧洲分布式光伏开发总规模有望超过 800GW，光伏发电总规模达到 960GW。

3.3.3　基地选址研究

结合欧洲太阳能资源条件，在南部西班牙、希腊、葡萄牙和意大利等国具备集中开发土地条件的区域，可以建设大型光伏电站。考虑太阳能可利用水平较高及规模效应带来的成本下降，光伏的集中式开发经济性相对较好，本报告基于数字化选址模型和软件，对西班牙南部安达卢西亚（Andalucia）光伏基地的开发条件、装机规模、工程设想、发电特性和投资水平进行了研究，提出了初步开发方案，基地装机规模 720MW，年发电量 1.26TWh。按照 2035 年欧洲光伏造价预测成果，基于项目基本情况进行投资估算，西班牙安达卢西亚光伏基地总投资约 3.61 亿美元，平均度电成本 2.20 美分 / kWh。

本报告给出了西班牙安达卢西亚光伏基地选址研究的详细结果，可供项目开发研究参考，具体情况如下。

1. 主要开发条件分析

光伏资源条件。安达卢西亚（Andalucia）光伏基地位于西班牙（Spain）南部安达卢西亚省（Andalucia），基地多年平均 GHI 为 1852.34kWh/m²，属于较丰富等级，比较适宜进行太阳能资源规模化开发。基地位置及其 GHI 分布示意图如图 3-10 所示。

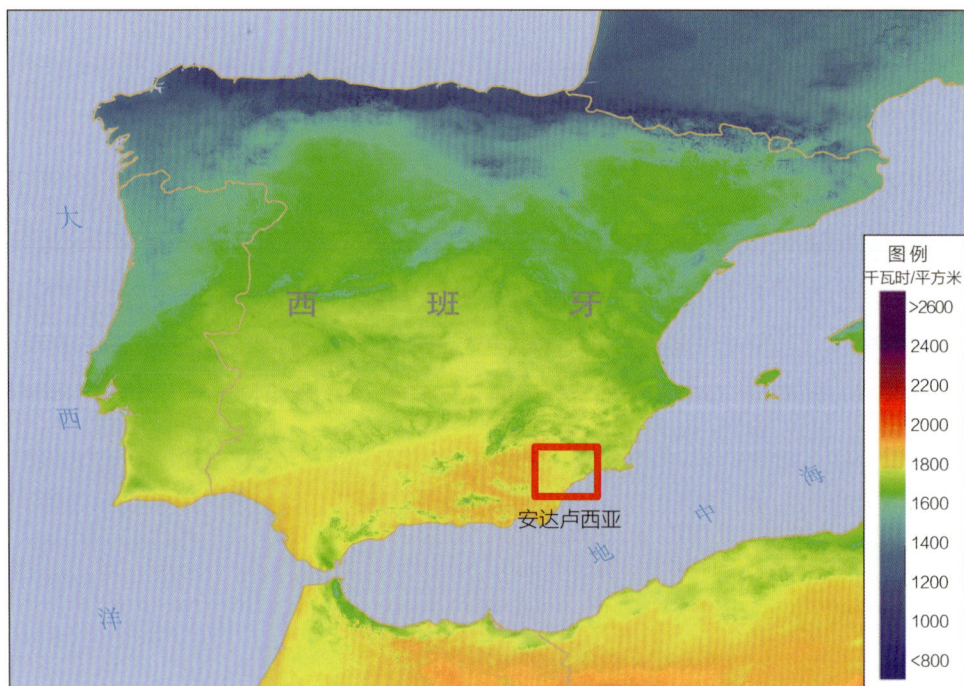

图 3-10　安达卢西亚光伏基地太阳能水平面总辐射量分布示意图

地形地貌。区域地处西班牙东南部的山地和丘陵地区，东临地中海（Mediterranean），西接内华达山（Sierra Nevada），区域内的海拔高程范围 257.5~677.0m，最大坡度 15.2°，地形较平坦，适宜建设大型光伏基地。

主要限制性因素。基地位于安达卢西亚省东南部，占地总面积 27.84km²，选址及其周边主要限制因素分布的示意图如图 3-11 所示。区域内地物覆盖类型大部分为灌丛，部分为裸露地表。基地内无自然保护区等限制性因素，选址主要避让周边的耕地、西南部 3km 外和东北部 2km 外的 2 处自然资源类保护区。基地西南部 22km 处有 Almeria 机场，南部 2km 处有公路通过。电网方面，北部 2km 有 1 条 380kV 交流输电通道经过，接入电网条件较好。

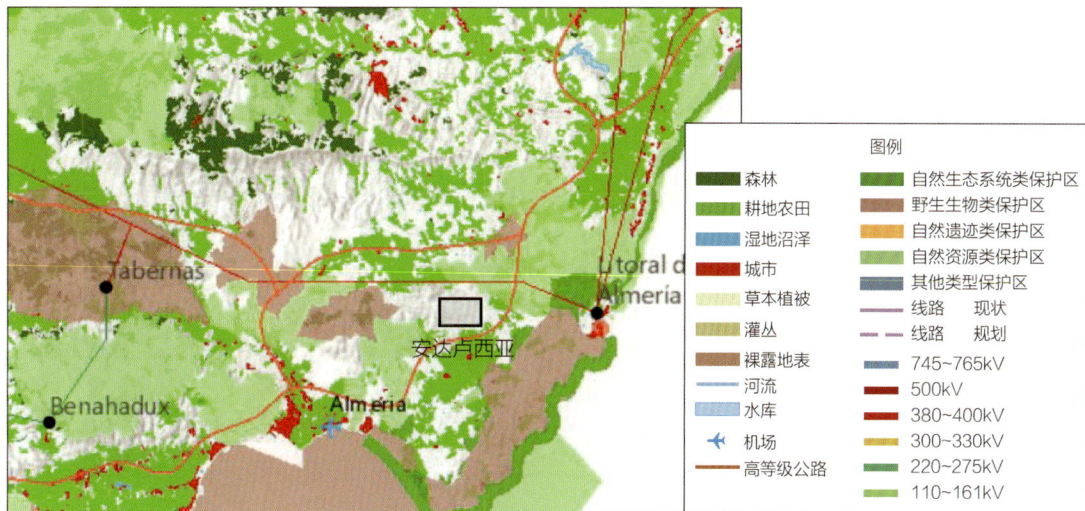

图 3-11 安达卢西亚光伏基地选址示意图

基地范围内变质岩与混合沉积岩主要发育。西北部 18km 处接触断层分布，南临存在历史地震记录的地区，地质结构相对稳定。基地岩层分布及地震情况示意图见如图 3-12 所示。区域内无大型城镇等人类活动密集区，西南部 28km、东北部 33km 以及西北部 35km 处有中小型城镇分布，距离最近人口密集区域（3.5 万人/km²）约 28km，距离基地最近的大型城市为阿尔梅里亚（Almeria）市。

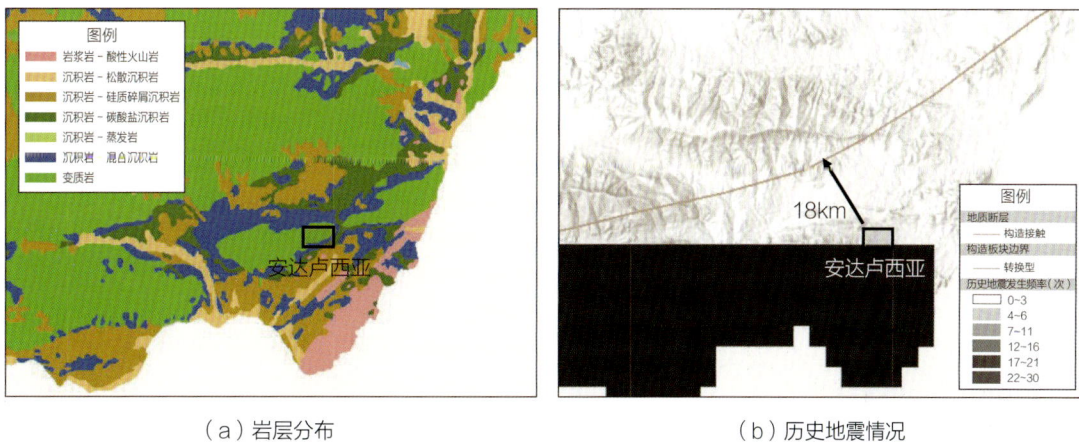

（a）岩层分布　　　　　　　　（b）历史地震情况

图 3-12 安达卢西亚光伏基地岩层分布及地震情况示意图

2. 开发规模与资源特性

经测算，安达卢西亚光伏基地太阳能资源理论蕴藏总量 51.5TWh/a。技术可开发装机规模 720MW，年发电量 1268GWh，利用小时数 1761。基地光伏年发电量的地理区域分布示意如图 3-13（a）所示。基地地势起伏较小，装机和发电量的地理分布相对均匀；基地 8760 逐小时出力系数热力分布如图 3-13（b）所示，其横坐标代表 24 小时，纵坐标代表 365 天，反映了 8760 小时中光伏出力随时间变化的规律。

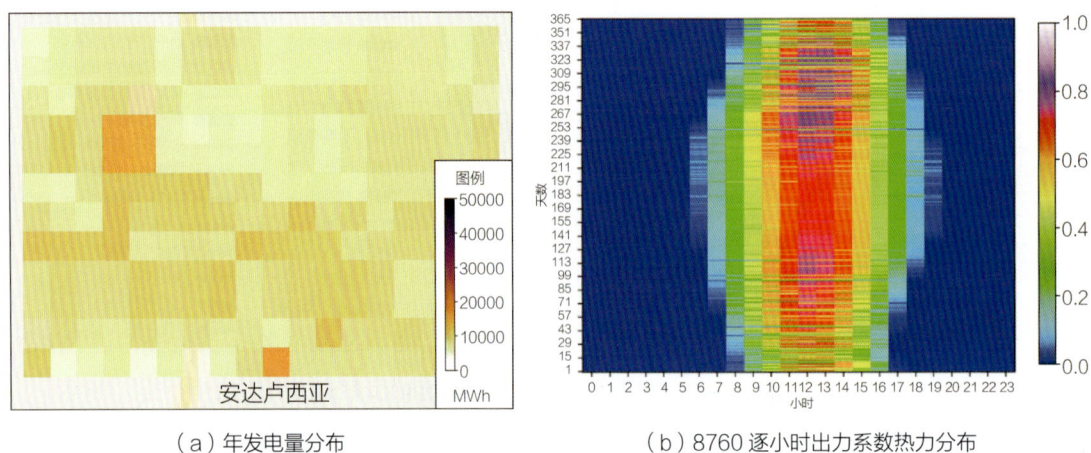

（a）年发电量分布   （b）8760 逐小时出力系数热力分布

图 3-13　安达卢西亚光伏基地年发电量分布和 8760 逐小时出力系数热力分布图

选择代表点对基地发电特性进行分析。基地辐射和温度以及对应光伏发电出力的典型日变化和年变化曲线如图 3-14 和图 3-15 所示。从日变化来看，高辐射时段主要集中在 11—14 点（世界标准时间，下同。折算到西班牙当地时间为 11—14 点）。从月度变化来看，全年 4—9 月总辐射大，发电能力强，10 月至次年 3 月总辐射小，发电能力小。

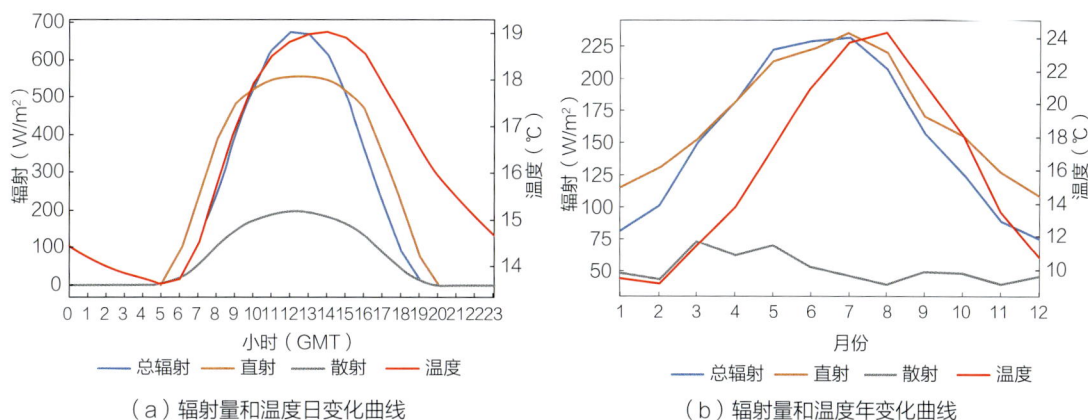

（a）辐射量和温度日变化曲线　　　　　　（b）辐射量和温度年变化曲线

图 3-14　安达卢西亚光伏基地辐射和温度典型日变化和年变化曲线

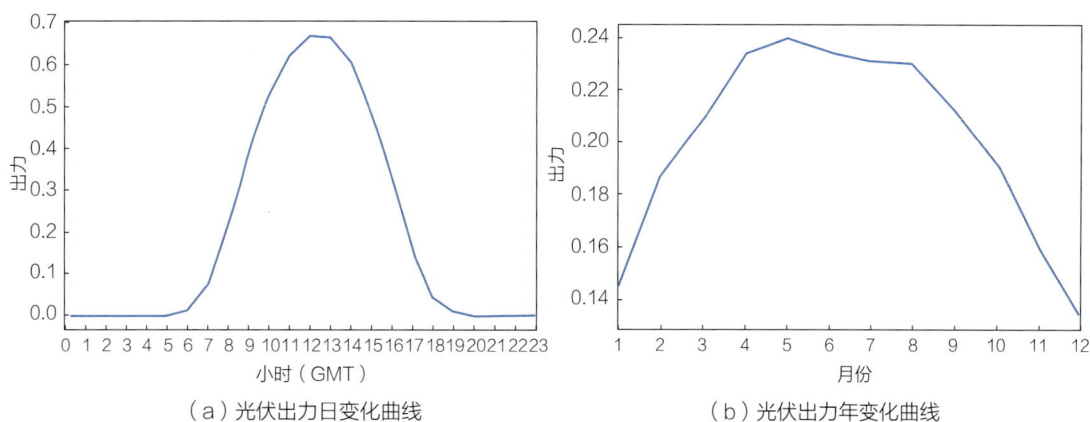

（a）光伏出力日变化曲线　　　　　　（b）光伏出力年变化曲线

图 3-15　安达卢西亚光伏基地典型日出力和年出力曲线

3. 工程设想与经济性分析

基地暂按 310Wp 高效单晶组件，采用固定式支架，竖向 2×22（横向 22排，竖向 2 列）开展光伏阵列布置研究。综合考虑当地太阳能资源和地形等条件，并基于中国大型光伏电站设计经验及相关光伏板布置原则，采用光伏基地宏观选址规划数字化方法，开展光伏阵列自动排布。当地组件最佳倾角为 37°，基于最佳倾角下的倾斜面辐射量，预留对应前后排间距 9.2m，考虑检修空间和通行道路，组串东西向间距为 0.5m。基地规划布置图如图 3-16 所示。

按照对光伏发电工程 2035 年经济性水平预测，综合考虑交通和电网基础设施条件，安达卢西亚光伏基地总投资估算 3.62 亿美元，其中并网及交通成本9 百万美元，投资匡算见表 3-8。按此测算，基地开发后平均度电成本 2.20 美分 /kWh。基于 6% 内部收益率测算的上网电价 2.98 美分 / kWh。

图 3-16　安达卢西亚光伏基地组件排布示意图

表 3-8　安达卢西亚光伏基地投资匡算表

编号	项目内容	安达卢西亚光伏基地
1	设备成本（亿美元）	3.38
2	建设成本（亿美元）	0.06
3	其他成本（亿美元）	0.09
4	场外交通及并网成本（亿美元）	0.09
5	单位千瓦投资（美元）	503

4 大型清洁能源基地外送

　　基于欧洲能源电力供需发展趋势，结合清洁能源分布及开发格局，统筹区域内、跨区及跨洲电力消纳市场，充分考虑电力外送容量、距离及电网结构发展等因素，本研究提出了欧洲主要大型清洁能源基地的送电方向和输电方式。研究成果对推动清洁能源基地开发，加快国内电网建设、跨国电网互联发展，实现欧洲清洁能源资源大范围优化配置和高效利用具有重要和积极意义。

4.1　电力需求预测

　　不列颠群岛 ❶ 总人口 7094 万，占欧洲总人口的 8.6%；GDP 达到 3.09 万亿美元，占欧洲总量的 13.7%。2017 年，不列颠群岛用电量 353TWh，最大负荷 69GW，英国是主要电力负荷中心，用电量占不列颠群岛总量的 92%；电源装机容量 103GW，以火电为主，占比 50.8%；人均用电量 4973kWh/a，人均装机容量 1.45kW，低于欧洲平均水平。预计 2035 年，不列颠群岛总用电量将达到 551TWh，最大负荷 109GW；2050 年，总用电量达到 698TWh，最大负荷 136GW。不列颠群岛电力需求变化趋势如图 4-1 所示。负荷中心主要为英国，2050 年英国占总用电量比重预计达到 92%。

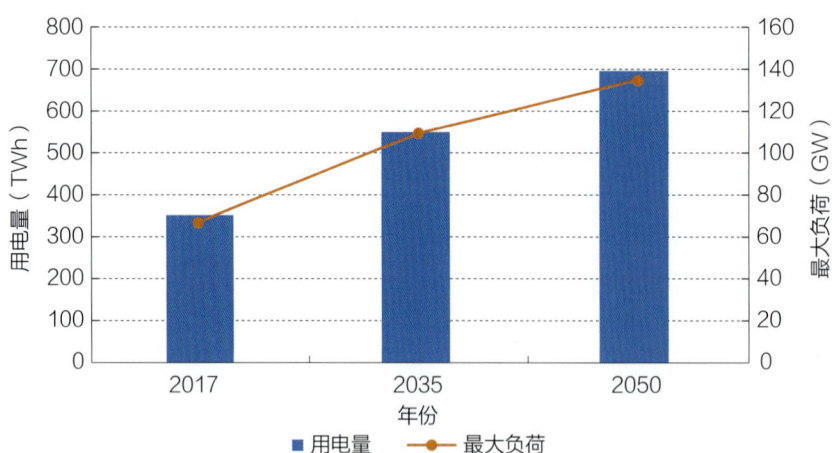

图 4-1　不列颠群岛电力需求变化趋势

---

❶ 参考电网运营情况和地理人文习惯，将欧洲划分为不列颠群岛、北欧、西欧、南欧、东欧、波罗的海国家和俄罗斯及周边 7 个区域。
不列颠群岛包括英国、爱尔兰 2 个国家。

北欧●总人口 2681 万人，占欧洲总人口的 3.3%，GDP 达到 16498 亿美元，占欧洲总量的 7.3%。2017 年，北欧用电量 412TWh，最大负荷 72GW，挪威、瑞典是区内主要电力负荷中心，用电量合计占比 66.4%。电源装机容量 108GW，以水电装机为主，占比 49.4%。北欧人均用电量 15361kWh/a，人均装机容量 4.01kW，远高于欧洲平均水平。预计 2035 年，北欧总用电量将达到 498TWh，最大负荷 89GW；2050 年，总用电量达到 579TWh，最大负荷 102GW。北欧电力需求变化趋势如图 4-2 所示。负荷中心主要为挪威、瑞典，2050 年占北欧用电量比重预计分别达到 30.6%、34.5%。

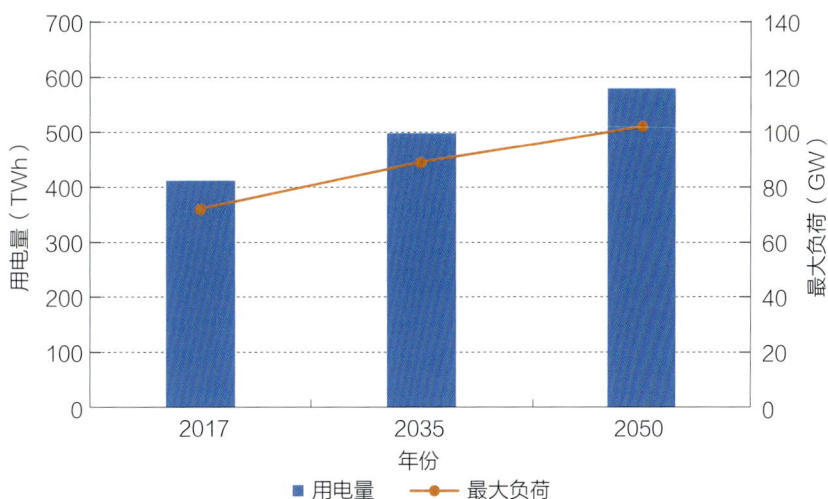

图 4-2　北欧电力需求变化趋势

西欧●总人口 2.5 亿人，占欧洲总人口的 30.4%，GDP 达到 108146 亿美元，占欧洲总量的 48.1%。2017 年，西欧用电量 1681TWh，最大负荷 278GW，德国、法国、西班牙是区内主要电力负荷中心，合计占比 76.7%。电源装机容量 561GW，以火电、风电和水电装机为主，合计占比 68.6%。西欧人均用电量 6722kWh/a，人均装机容量 2.24kW，高于欧洲平均水平。预计 2035 年，西欧总用电量将达到 2403TWh，最大负荷 405GW；2050 年，总用电量达到 2882TWh，最大负荷 492GW。西欧电力需求变化趋势如图 4-3 所示。负荷中心主要为德国、法国、西班牙，2050 年占西欧用电量比重预计分别达到 30%、28% 和 20%。

● 北欧包括挪威、瑞典、芬兰、丹麦、冰岛 5 个国家。
● 西欧包括法国、荷兰、比利时、卢森堡、西班牙、葡萄牙、德国、奥地利、瑞士 9 个国家。

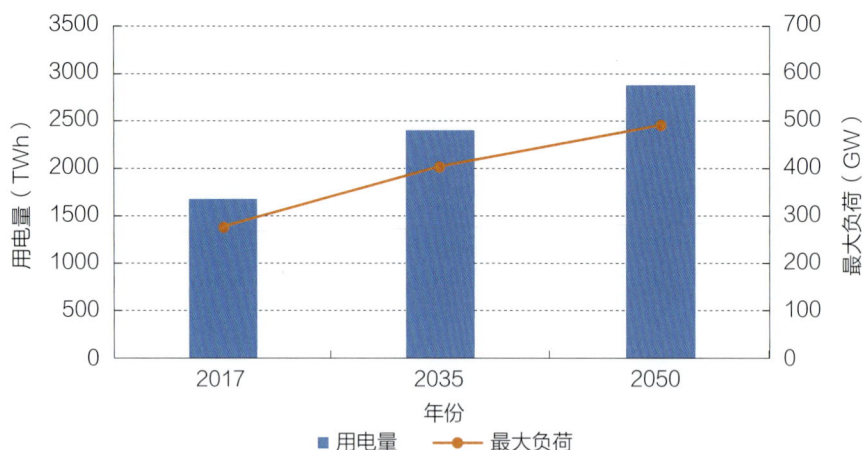

图 4-3　西欧电力需求变化趋势

南欧 ❶ 总人口 9473 万人，占欧洲总人口的 11.5%，GDP 达到 25260 亿美元，占欧洲总量的 11.2%。2017 年，南欧用电量 474TWh，最大负荷 85GW，意大利、希腊是主要电力负荷中心，两国用电量之和占比约 78.5%。电源装机容量 175GW，以火电装机为主，占比 50.8%。南欧人均用电量 5007kWh/a，人均装机容量 1.85kW，高于欧洲平均水平。预计 2035 年，南欧总用电量将达到 652TWh，最大负荷 114GW；2050 年，总用电量达到 769TWh，最大负荷 133GW。南欧电力需求变化趋势如图 4-4 所示。负荷中心主要为意大利、希腊，2050 年占南欧用电量比重预计分别达到 69%、12%。

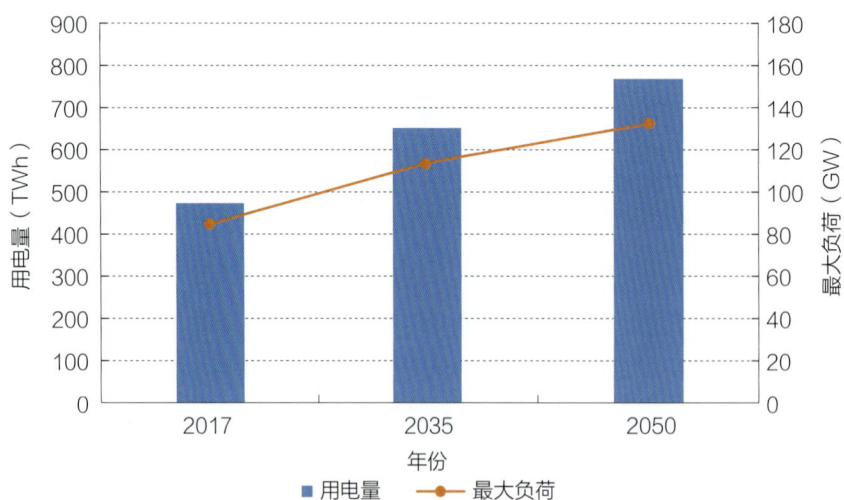

图 4-4　南欧电力需求变化趋势

---

❶ 南欧包括意大利、斯洛文尼亚、塞尔维亚、阿尔巴尼亚、波黑、希腊、克罗地亚、黑山、北马其顿 9 个国家。

东欧 **❶** 总人口 1.7 亿人，占欧洲总人口的 21%，GDP 为 24592 亿美元，占欧洲总量的 10.9%。2017 年，东欧用电量 687TWh，最大负荷 111GW，土耳其、波兰是主要电力负荷中心，用电量合计占比 66%。电源装机容量 196GW，以火电装机为主，占比 55%。东欧人均用电量 3977kWh/a，人均装机容量 1.13kW，低于欧洲平均水平。预计 2035 年，东欧总用电量将达到 1031TWh，最大负荷 170GW；2050 年，总用电量达到 1357TWh，最大负荷 227GW。东欧电力需求变化趋势如图 4-5 所示。负荷中心主要为土耳其、波兰，2050 年占东欧用电量比重预计分别达到 53%、19%。

图 4-5　东欧电力需求变化趋势

波罗的海国家 **❷** 总人口 615 万人，占欧洲总人口的 0.7%，GDP 为 984 亿美元，占欧洲总量的 0.4%。2017 年，波罗的海国家用电量 27.5TWh，最大负荷 4.6GW，立陶宛和爱沙尼亚是主要电力负荷中心，用电量合计占比 73.5%。电源装机容量 9.3GW，以水电和水电装机为主，合计占比 68%。波罗的海国家人均用电量 4472kWh/a，人均装机容量 1.51kW，低于欧洲平均水平。预计 2035 年，波罗的海国家总用电量将达到 41TWh，最大负荷 7.2GW；2050 年，总用电量达到 50.6TWh，最大负荷 8.8GW。波罗的海国家电力需求变化趋势如图 4-6 所示。负荷中心主要为立陶宛和爱沙尼亚，2050 年占波罗的海国家用电量比重预计分别达到 44%、28%。

❶ 东欧包括波兰、捷克、斯洛伐克、匈牙利、罗马尼亚、保加利亚、塞浦路斯、土耳其 8 个国家。
❷ 波罗的海国家包括爱沙尼亚、拉脱维亚、立陶宛 3 个国家。

4.1　电力需求预测

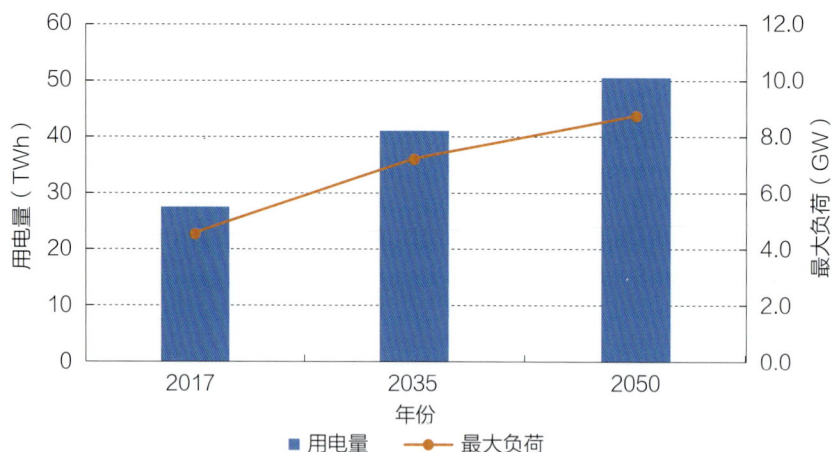

图 4-6 波罗的海国家电力需求变化趋势

俄罗斯及周边 ❶ 总人口 2 亿人，占欧洲总人口的 24.5%，GDP 为 18450 亿美元，占欧洲总量的 8.2%。2017 年，俄罗斯及周边用电量 1210TWh，最大负荷 183GW，俄罗斯是主要电力负荷中心，用电量占比 86%。电源装机容量 303GW，以火电装机为主，占比 67.1%。俄罗斯及周边人均用电量 5996kWh/a，人均装机容量 1.5kW，低于欧洲平均水平。预计 2035 年，俄罗斯及周边总用电量将达到 1541TWh，最大负荷 264GW；2050 年，总用电量达到 1808TWh，最大负荷 326GW。俄罗斯及周边电力需求变化趋势如图 4-7 所示。负荷中心主要为俄罗斯，2050 年占俄罗斯及周边用电量比重预计达到 82%。

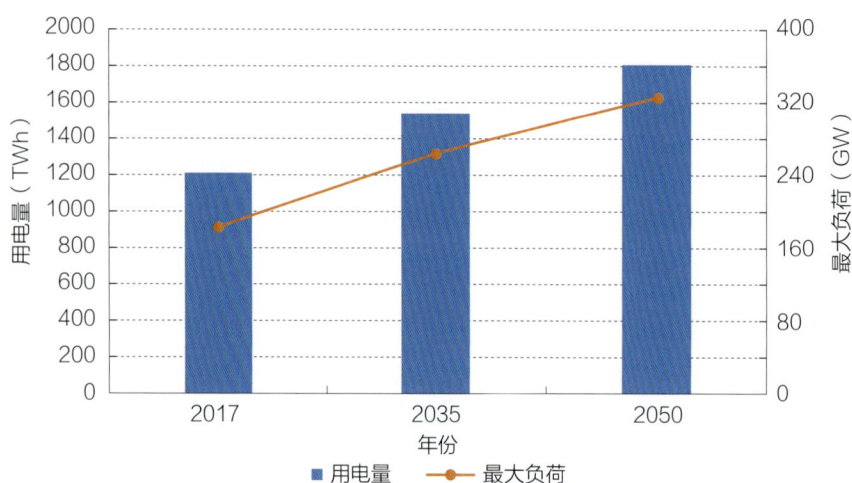

图 4-7 俄罗斯及周边电力需求变化趋势

---

❶ 俄罗斯及周边包括俄罗斯、白俄罗斯、乌克兰、摩尔多瓦 4 个国家。

4.2　清洁电力制氢与氢能利用

1. 电制氢与消纳清洁电力

氢能具有来源广泛、能量密度大、清洁高效等诸多优点。2018 年，全球氢产量约 1.2 亿 t，其中 95% 来源于传统化石资源的热化学重整 [1]。虽然化石资源制氢工艺成熟，成本相对低廉，但会排放大量的温室气体，对环境造成污染，未来，随着能源清洁转型的不断深入，清洁、绿色的电解水技术将成为主流的制氢方式。

通过采用电制氢技术，一方面可以在难以实施电能替代进行脱碳的领域使用清洁氢，如冶金、化工、货运、航运、工业制热等行业，电制氢技术将成为连接清洁电力与部分终端能源消费领域的"纽带环节"。另一方面，电制氢设备具有较快的启停速度和全功率调节范围，可以成为电网中宝贵的灵活性调节资源。未来，电制氢不仅是一种新的电力负荷，同时也为清洁电力消纳提供了一条新思路。

欧洲的北海及大西洋沿岸风电资源丰富，就地发展电制氢产业，可以有效平抑风电大规模接入时产生的波动，充分发挥电制氢长时间、大容量储能的技术与经济效益，确保电力供应的平稳可靠。制成的氢既可以供当地建筑用能、交通领域使用，也可以参与还原二氧化碳生产高附加值的有机原材料，实现负碳效应。富余的氢能可通过当地发达的天然气管网或专用输氢网络送至内陆的用能中心。欧洲输氢骨干管网在 2040 年有望达到 2.3 万 km，覆盖主要电制氢产地和用能中心，其中 75% 输氢管网将出已有天然气管网改造而成，实现清洁能源电制氢的经济输送。[2]

---

[1] 资料来源：IRENA《Hydrogen-A Renewable Energy Perspective》

[2] 资料来源：Enagás, Energinet, Fluxys Belgium, Gasunie, GRTgaz, NET4GAS, OGE, ONTRAS, Snam, Swedegas, Teréga. European Hydrogen Backbone Report, July 2020.

专栏 4-1　　电制氢与消纳清洁电力

　　电解水制氢指在直流电的作用下，通过电化学过程将水分子分解为氢分子与氧分子，并分别在阴、阳两极析出。电解水制氢技术主要包括以下三种：一是碱性电解槽技术，通常采用氢氧化钠溶液或氢氧化钾溶液等碱性电解液，由石棉隔膜隔开正负极区域，选用镍、铁等作为电极材料进行电解。碱性电解槽技术成熟、设备结构简单，具有较快的启停速度（分钟级）和部分功率调节能力，是当前主流的电解水制氢方法，缺点是效率较低（60%~70%）。二是质子交换膜技术，其特点是使用仅质子可以透过的有机物薄膜代替传统碱性电解槽中的隔膜和液态电解质，并将具有较高活性的贵金属催化剂压在质子交换膜两侧，从而有效减小电解槽的体积和电阻，使电解效率提高到80%左右，功率调节也更加灵活，但设备成本相对昂贵。三是高温固体氧化物电解槽技术（SOEC），其特点是在较高温度（600~1000℃）环境下，电解反应的热力学和动力学特性都有所改善，可以将电解效率提高到90%左右。高温固体氧化物电解槽还可以作为燃料电池使用，实现电解和发电的可逆运行，该技术目前还处于商业示范阶段。

　　电制氢设备具有较快的启停速度和全功率调节范围，主流的碱性电解槽启停速度为15~30分钟，新型的质子交换膜电解槽，启停速度可达秒级，功率调节范围可达额定功率的1.5倍左右。根据新能源发电出力和用电负荷的变化灵活调整电制氢设备的功率，使其成为系统中的可控负荷，可以有效消纳电网负荷低谷期的富余电力，平抑新能源发电的波动性。在未来以清洁能源作为主要电源的情况下，电制氢将成为电网中宝贵的灵活性调节资源。

　　风光发电具有波动性大、利用小时数低等特点，利用电制氢消纳新能源发电，制氢设备利用率不高。以风光互补新能源发电基地为例，按照风电光伏装机1:1进行测算，电制氢设备利用率约为35%~45%（3000~4000小时），如专栏4-1图1所示。

专栏 4-1 图 1　电制氢与新能源发电匹配示意图

　　电制氢参与电力市场交易，在电网负荷低谷时段利用大电网的富余电力制氢，一方面可以进一步提高设备利用率，另一方面电力富余时段的电价更低。综合测算表明，考虑电制氢技术设备水平和成本，制氢的利用率在 40% 左右（年利用 3500 小时），可以基本兼顾制氢成本与新能源电力消纳的矛盾，制备的"绿氢"具备参与能源市场竞争的能力。

2. 氢能利用

　　目前，氢能主要作为化工原料，并部分应用于能源领域。未来，随着能源清洁转型不断深入，对于氢的需求将主要体现在能源用途，特别是在电能难以替代的部分终端能源消费领域氢能将发挥重要作用，如工业、交通运输、建筑用能等方面，成为深入推进能源消费侧电能替代的又一个重要途径。

　　预计到 2050 年，欧洲氢需求量将达到 5700 万 t/a，85% 来源于电制氢，年消纳电量 1.6 万亿 kWh。以德国、法国为代表的欧洲各大发达国家已经相继推出氢能发展计划，未来氢能发展速度较快，主要用途包括：一是建筑供暖，欧洲地处高纬度地区，冬季用能需求大，风电制氢主要可以用于直接供暖或热电联供；二是交通运输，欧洲汽车保有量大，随着各国对燃油汽车的禁售，氢燃料电池汽车将快速增长，特别是在北欧等高寒地区，氢燃料电池汽车更具发展潜力；三是作为有机化工原料，用于制氨、甲醇、甲烷等产品。

专栏 4-2　　　　　　　　**氢能利用的主要方式**

目前，全球氢消费量 5600 万 t，其中 95% 作为化工原料使用，包括石油制品精炼、制氨、制甲醇、冶金、食品加工等；其余部分作为能源使用，包括航天、高端制热、氢燃料电池等。

未来，随着能源清洁转型不断深入，对于氢的需求将主要体现在能源用途，特别是在电能难以替代的部分终端能源消费领域氢能将发挥重要作用，包括：工业用氢方面，作为化工原料及高端制热能源，需求量对氢价非常敏感，且与减排要求相关，预计未来小幅增长。交通运输领域是未来氢能需求的主要增长点，目前氢燃料电池的发电效率约为40%～60%，随着技术进步，氢能有望在长途客车、货运、航运等长距离运输领域占有一席之地，但替代量与计及输配环节后的氢价密切相关。建筑用能方面，使用可再生电力生产的氢可以通过天然气管网供给家庭和商业建筑，用氢替代部分化石燃料。预计到 2050 年，全球氢需求将达到约 3 亿 t，将增加全球电能消费约 8.6 万亿 kWh。

4.3 北海风电基地

4.3.1 送电方向

环北海国家经济社会发达、产业基础较好、民众环保意识较高，各国通过实施多样化的激励政策，推动能源清洁转型与经济低碳发展，可再生能源发展潜力巨大。未来，北海地区将重点开发大中型海上风电基地，配合适当规模储能和燃气发电，推动周边各国电力供应清洁低碳化发展。同时，充分利用跨国海陆走廊建设 ±800kV 柔性直流环网，打造区域清洁能源枢纽平台，实现环北海地区不列颠群岛、北欧、西欧清洁能源电力互补互济。

英国是欧洲最重要的经济体之一，通过加快开发东部沿海地区大型风电基地，大力推进跨国、跨区电网互联互通，充分发挥区位优势、资源优势和市场优势，打造联结欧洲大陆、北欧、格陵兰与冰岛的能源电力枢纽平台。**挪威**可在南部沿海地区建设大型风电基地，通过跨区直流工程，将水电和风电打捆外送至英国、欧洲大陆消纳。**丹麦**可在加快开发西部海域风电资源基础上，跨国汇集挪威清洁电力，外送至德国消纳。**德国**可大力开发西北海域风电基地，与北欧清洁电力汇集后，送至负荷中心柏林、杜伊斯堡、法兰克福等地，满足本国清洁电力需求。**比利时、荷兰**可在沿海地区开发风电基地，满足自身电力需求并跨国外送至法国、德国。北海风电基地送电方向见表 4-1。

表 4-1 北海风电基地送电方向

基地		国家	主要送电方向
风电基地	安格斯	英国	英国北部
	英国东部海上	英国	英国中南部
	挪威南部海上	挪威	丹麦、德国
	丹麦西部海上	丹麦	丹麦
	德国西北海上	德国	德国西北部
	荷兰海上	荷兰	荷兰
	比利时海上	比利时	比利时

4.3.2　输电方式

英国风电基地，包括安格斯风电基地、英国东部海上风电基地。安格斯风电基地宜接入加强后的英国本地 380（400）kV 交流主干网架，满足本地用电需求。英国东部海上风电基地清洁电力，宜汇入爱丁堡换流站，与挪威清洁电力汇集后，通过新建的 ±800kV 直流输电通道，送至英国中南部利兹、伦敦等负荷中心，并跨英吉利海峡送至法国消纳。

挪威南部海上风电基地，宜接入加强后的挪威南部沿海 380（400）kV 交流主干网架，建设挪威卑尔根—英国爱西堡、挪威卑尔根—挪威灵达尔—丹麦埃斯比约 ±800kV 直流输电通道，汇集挪威中南部风电及水电，打捆分别送至英国、丹麦。

丹麦西部海上风电基地，清洁电力宜汇入埃斯比约换流站，通过建设丹麦埃斯比约—德国不莱梅 ±800kV 直流输电通道，与北欧清洁电力汇集后跨国送至德国不莱梅。

德国西北海上风电基地，宜接入加强后的德国北部 380（400）kV 交流主干网架，满足不莱梅、汉堡等地清洁电力需求。分别建设德国不莱梅—德国杜伊斯堡—德国法兰克福、德国不莱梅—德国柏林 ±800kV 直流输电通道，将北海清洁风电送至负荷中心杜伊斯堡、法兰克福、柏林等地消纳。

荷兰、比利时海上风电基地，清洁风电宜汇入荷兰、比利时边境附近的霍赫海德换流站，在满足本地用电需求基础上，通过新建荷兰霍赫海德—法国鲁昂、荷兰霍赫海德—法国南锡、荷兰霍赫海德—德国不莱梅 ±800kV 直流输电通道，将清洁电力跨国送至法国、德国负荷中心消纳。

北海风电基地远期输电方案示意图如图 4-8 所示。

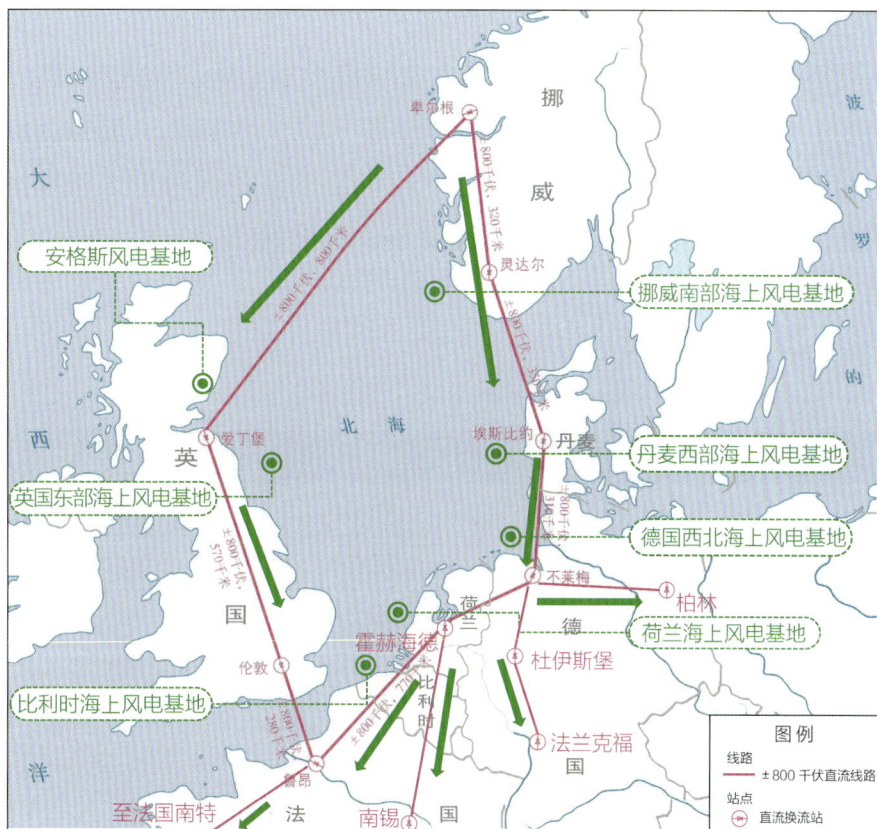

图 4-8　北海风电基地远期输电方案示意图

4.4　波罗的海风电基地

4.4.1　送电方向

波罗的海由北欧、波罗的海国家、东欧三个区域环抱，沿海及海上风能资源十分丰富，平均海深较浅，有利于风能资源的开发利用。周边国家重视可再生能源发展，制订了一系列政策推动风能等可再生能源开发利用。未来，波罗的海地区重点开发大中型海上风电基地，同时，充分利用跨国海陆走廊建设±800/±660kV 柔性直流环网，打造区域清洁能源枢纽平台，实现环北欧、波罗的海国家、东欧清洁能源电力互补互济。

瑞典、芬兰、丹麦等国于 2018 年联合发表清洁能源宣言，期望加强北欧在清洁能源创新和应用方面的全球领导地位。未来通过加快建设波罗的海沿岸大型风电基地，推进跨国、跨区直流工程建设，可将波罗的海清洁电力送至东欧、西欧负荷中心消纳，提升北欧在清洁能源开发领域的引领地位。**爱沙尼亚、拉脱维亚、立陶宛**位于波罗的海东岸，可在加快开发沿海地区风电资源的基础上，将清洁电力汇集至拉脱维亚，并通过跨区直流工程送至东欧。**波兰**人口数量较高，是东欧重要的负荷中心之一，可在北部沿海地区建设大型风电基地，与北欧、波罗的海风电汇集后，送至本国及德国、匈牙利负荷中心。波罗的海风电基地送电方向见表 4-2。

表 4-2 波罗的海风电基地送电方向

基地		国家	主要送电方向
风电基地	瑞典海上	瑞典	丹麦、德国
	芬兰海上	芬兰	拉脱维亚
	丹麦东部海上	丹麦	丹麦、德国
	立陶宛海上	立陶宛	拉脱维亚
	拉脱维亚海上	拉脱维亚	波兰
	爱沙尼亚海上	爱沙尼亚	拉脱维亚
	波兰海上	波兰	波兰北部、德国东部、匈牙利

4.4.2 输电方式

瑞典海上风电基地，宜就近接入加强后的瑞典东部 380（400）kV 纵向交流主干网架，满足本国用电需求，剩余电量可汇集至松兹瓦尔换流站，建设瑞典松兹瓦尔—丹麦哥本哈根 ±800kV 直流输电通道，将清洁电力送至丹麦，建设瑞典松兹瓦尔—芬兰瓦萨 ±660kV 直流输电通道，实现瑞典芬兰两国风电互补互济。

芬兰海上风电基地，宜接入加强后的芬兰西南部 380（400）kV 交流主干网架，在满足本国需求的基础上，通过建设芬兰瓦萨—拉脱维亚 ±660kV 直流输电通道，将清洁电力由波罗的海国家转送至东欧、西欧负荷中心。

丹麦东部海上风电基地，清洁电力宜汇入哥根哈根换流站，通过建设丹麦哥根哈根—德国柏林 ±800kV 直流输电通道，与北欧清洁电力汇集后跨国送至德国柏林。

立陶宛海上、拉脱维亚海上、爱沙尼亚海上风电基地，宜就近接入本国 330kV 交流主干网架，满足本国用电需求，建设拉脱维亚—波兰格但斯克 ±660kV 直流输电通道，将汇集后的波罗的海国家沿海风电及北欧清洁电力送至波兰。

波兰海上风电基地，清洁电力宜汇入波兰北部沿海 380（400）kV 交流主干网架，满足本地用电需求基础上，与拉脱维亚换流站转送而来的清洁电力共同汇入格但斯克换流站，通过建设波兰格但斯克—德国柏林 ±660kV 直流输电通道、波兰格但斯克—匈牙利布达佩斯 ±660kV 直流输电通道，将清洁电力送到德国、匈牙利消纳。

波罗的海风电基地远期输电方案示意图如图 4-9 所示。

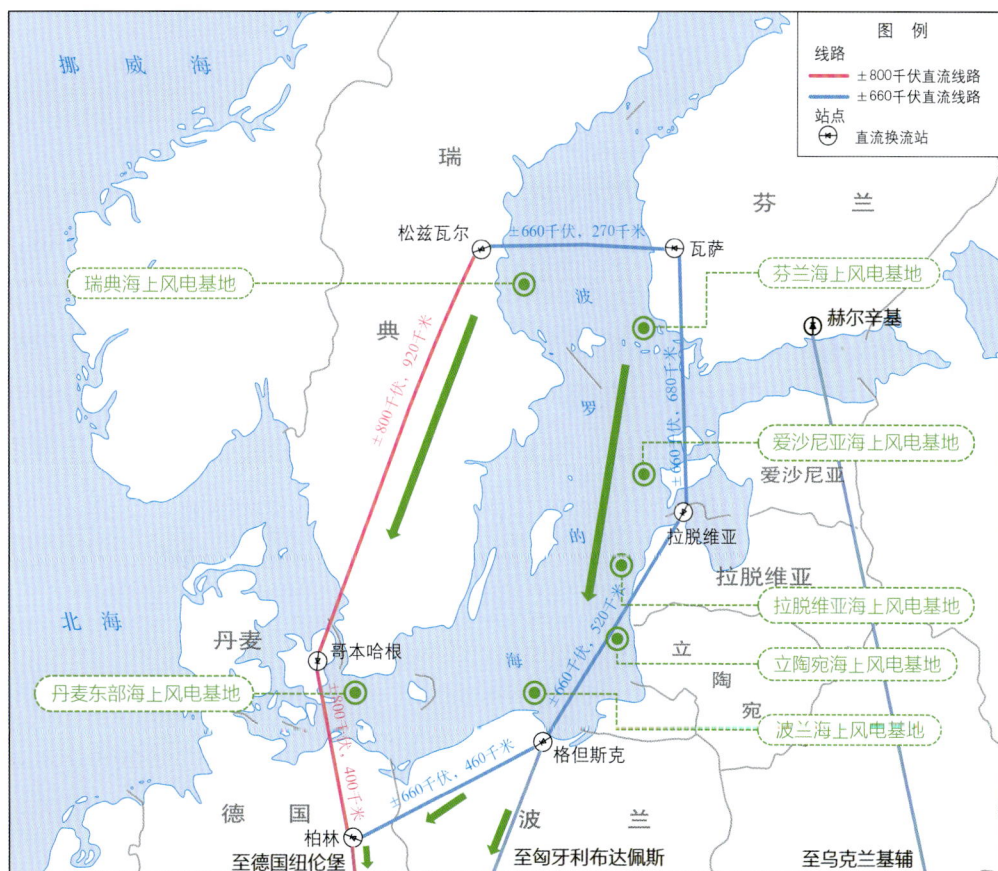

图 4-9　波罗的海风电基地远期输电方案示意图

4.5 挪威海风电基地

4.5.1 送电方向

挪威海位于挪威西北方向，介于北海与格陵兰海之间，风能资源十分丰富。未来，重点沿挪威西部海域开发大中型海上风电基地，与斯堪的纳维亚山脉水电打捆后，送至不列颠群岛、或由丹麦转送德国消纳。同时，借助欧洲未来规划建设的柔性直流电网，可实现挪威海风电、伊比利亚半岛太阳能电力的北风南光互补。挪威海风电基地送电方向见表4-3。

表 4-3　挪威海风电基地送电方向

基地	国家	主要送电方向
风电基地　挪威海风电基地	挪威	丹麦、德国、英国

4.5.2 输电方式

挪威海风电基地，宜接入加强后的挪威西海岸 380（400）kV 交流主干网架，在满足本地用电需求基础上，汇集至科尔根、卑尔根两个直流换流站，通过建设挪威科尔根—挪威卑尔根 ±800kV 直流输电通道、挪威卑尔根—英国爱丁堡 ±800kV 直流输电通道，将挪威海清洁电力送至英国，建设挪威卑尔根—挪威灵达尔—丹麦埃斯比约—德国不莱梅 ±800kV 直流输电通道，与北海风电汇集后送至德国负荷中心消纳。挪威海风电基地远期跨区输电方案示意图如图 4-10 所示。

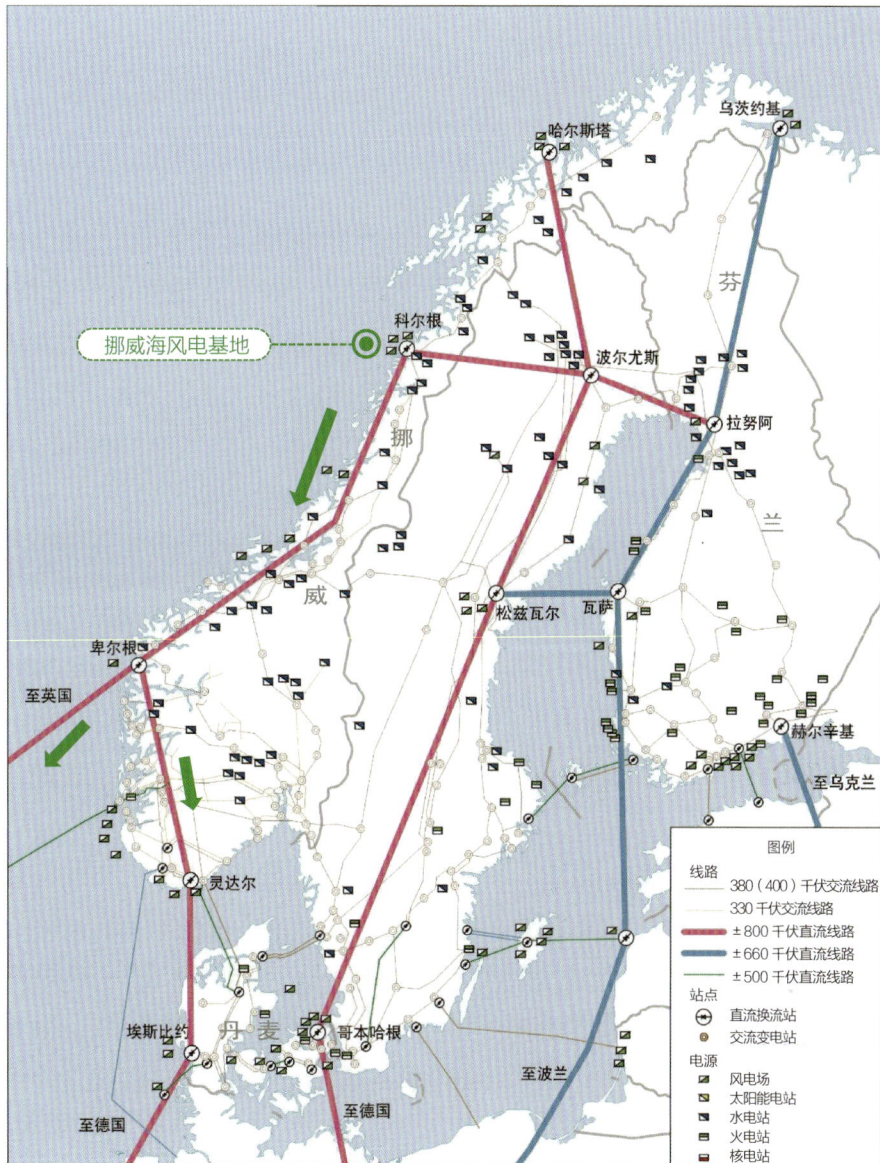

图 4-10 挪威海风电基地远期跨区输电方案示意图

4.6 格陵兰海上风电基地

4.6.1 送电方向

格陵兰海位于冰岛、格陵兰岛和斯匹次卑尔根群岛之间的广袤地区，风能资源十分丰富，未来可优先开发格陵兰东南海域、冰岛及其周边沿海地区风电，建设大中型风电外送基地，将清洁电力送至英国，并与英国、欧洲大陆实现电力互补互济。格陵兰风电基地送电方向见表 4-4。

表 4-4　格陵兰海上风电基地送电方向

基地		国家	主要送电方向
风电基地	格陵兰海上风电基地	丹麦、冰岛	英国

4.6.2 输电方式

格陵兰海上风电基地，包括格陵兰东部沿海电基地、冰岛及其周边海域风电基地，格陵兰东部沿海风电基地清洁电力宜接入格陵兰换流站，冰岛及其周边海域风电宜接入本国交流主网架，通过建设格陵兰—冰岛—英国格拉斯哥±800kV 直流输电通道，将汇集后的格陵兰海上风电基地清洁电力送至英国北部消纳。格陵兰海上风电基地远期输电方案示意图如图 4-11 所示。

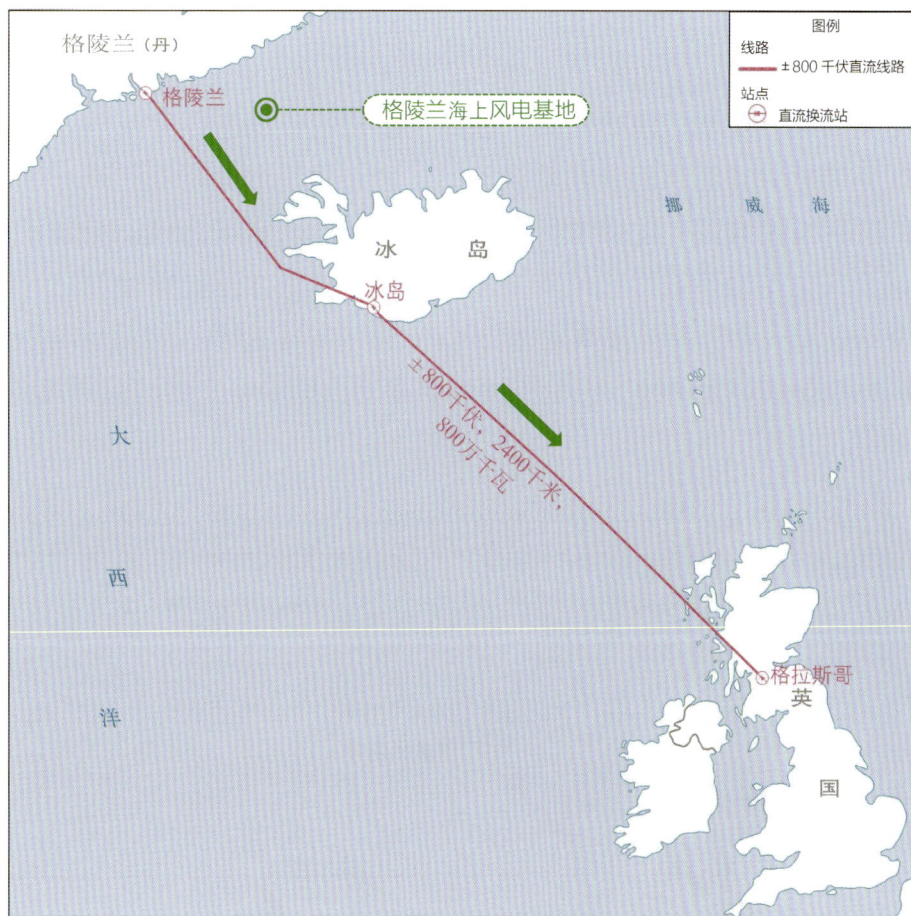

图 4-11　格陵兰风电基地远期输电方案示意图

4.7　巴伦支海风电基地

4.7.1　送电方向

巴伦支海位于挪威与俄罗斯北方，是北冰洋的陆缘海之一，挪威、俄罗斯沿巴伦支海地区风能资源丰富。未来可优先开发挪威东北部海域，将清洁电力送至东欧消纳，开发俄罗斯西北部海域风电基地，将海上风电送至俄罗斯西北部负荷中心。巴伦支海风电基地送电方向见表 4-5。

表 4-5　巴伦支海风电基地送电方向

基地		国家	主要送电方向
风电基地	巴伦支海风电基地	俄罗斯、挪威	俄罗斯西部、东欧

4.7.2 输电方式

巴伦支海风电基地，包括挪威、俄罗斯沿巴伦支海的风电基地。挪威沿巴伦支海风电基地，宜汇入乌茨约基换流站，通过建设挪威乌茨约基—芬兰拉努阿—芬兰瓦萨拉脱维亚—波兰格但斯克 ±660kV 直流输电通道，与波罗的海风电共同送至波兰。俄罗斯沿巴伦支海风电基地，宜汇入维扎斯换流站，通过建设俄罗斯维扎斯—俄罗斯圣彼得堡 ±800kV 直流输电通道，将清洁电力送至俄罗斯负荷中心圣彼得堡消纳。巴伦支海风电基地远期输电方案示意图如图 4-12 所示。

图 4-12　巴伦支海风电基地远期输电方案示意图

5 政策环境和投融资建议

　　基于欧洲清洁能源资源禀赋和区域经济发展特点，综合分析欧洲地区清洁能源投融资政策环境，对欧洲主要国家从营商环境、清洁能源发展目标、电力行业体制和市场、能源电力投资政策、支持性财政政策及土地、劳工、环保政策等六个维度进行系统分析，研究提出以跨国并购、股权交易等多种形式参与欧洲清洁能源项目开发、投资和运营，及借助欧洲绿色金融市场，通过绿色债券、绿色信贷、绿色保险、绿色基金等方式降低金融成本、提升项目收益等投融资建议，以进一步完善投融资环境，壮大可再生能源开发利用规模，稳固清洁发展领先地位，实现经济与环境高质量协调发展。

5.1　欧洲国家投融资政策概况

　　欧洲国家营商环境整体在全球处于领先水平。2020 年世界银行全球营商环境报告显示，本报告所研究的欧洲 10 个重点国家和地区，在全部 190 个国家和地区中排名上游，位于第 4~79 名之间，且近年来排名相对稳定。其中位于前十名的有丹麦、英国和挪威。

　　欧洲国家高度重视清洁能源开发利用，清洁能源项目投资机遇良好。为改善能源供应短缺、实现气候目标等，多数欧洲国家出台详细具体的清洁能源发展战略规划，包括中长期目标及各部门清洁能源消费占比等，同时出台财政补贴、税收减免、融资便利等优惠政策，为国内外投资者参与清洁能源开发提供支持，壮大清洁能源发展。

　　欧洲国家电力市场多元化竞争水平在世界名列前茅。欧洲多数国家在发、输、配、售环节引入市场竞争，采取发输配售各环节分离的先进零售竞争模式，电力市场多元化特征明显。其中，挪威、丹麦等北欧四国形成了世界成功运作的电力市场典型之一北欧电力市场，市场机制较为健全且市场主体活跃度较高；西班牙与葡萄牙形成深度一体化的伊比利亚区域电力市场，可再生能源装机及发电比重双高。当前欧洲国家通过形成更大范围的欧盟统一电力市场，充分利用可再生能源，实现欧盟可再生能源发展目标。

多数欧洲国家对外资持鼓励欢迎态度，部分国家对能源电力投资存在一定限制。丹麦、荷兰、西班牙和希腊出台鼓励外国投资政策，并给予可再生能源行业投资额外优惠政策；法国给予外资优惠政策，但尚未针对外国投资可再生能源设立额外支持政策；挪威和德国规定外资可享有与本国企业相同的投资政策，尚未出台针对外资的特殊优惠政策；冰岛、意大利、英国能源电力行业对外资准入设立一定限制，如意大利强调与投资来源国的对等条件，冰岛规定仅冰岛公民和其他冰岛实体，以及欧洲经济区居民和法律实体可获得非居民用途的瀑布和地热等能源开发权、进行生产和销售。

多数欧洲国家对可再生能源项目设立补贴、税收优惠等支持性财政政策。除冰岛限制外资投资能源领域外，英国、德国、荷兰、丹麦、法国、意大利和希腊等多数国家均制定针对可再生能源项目的多种类税收优惠、直接资金支持、上网电价补贴等政策，税收优惠政策包括营业税、所得税、增值税等税费减免及保持低税率制度等，直接资金支持包括为可再生能源项目投资运营及相关技术研发提供资金。此外，英国还设立针对可再生能源行业的企业区，提供商业利率折扣、减免租金等优惠政策；德国、意大利为可再生能源项目提供优惠贷款政策；荷兰、西班牙为可再生能源项目提供融资便利，实行较低融资利率等；英国、荷兰等多数国家在终端采用净计量机制，支持分布式可再生能源发展。

多数欧洲国家对外资用地管理宽松，对外籍劳工限制严格，并实行严格的环评制度。除冰岛对外资企业购买土地有一定限制外，多数欧洲国家允许外资企业在本国境内通过购买、租赁两种方式获得私有土地所有权及使用权，一般无使用年限限制，外资企业与本国企业享受同等待遇。其中丹麦、挪威、法国和希腊须先向政府提出申请，获得批准后方可购买或租赁土地。冰岛外资企业一般通过签订长期租赁协议获得土地。欧洲国家对外籍劳工限制严格，均实行严格的工作许可审查制度，且工作许可证明获取难度较高。在环保政策上，欧洲国家均对重大项目实行严格的环评审查制度，投资企业未按要求进行环境评估将受到相应惩罚。

5.2 欧洲主要国家政策环境

5.2.1 英国

英国总体营商环境在世界名列前茅，根据世界银行《2020 年营商环境报告》，英国在全部 190 个国家和地区中排名第 8 位，与 2019 年排名几乎没有变化，在欧洲国家和地区中排名第 2 位。政府为可再生能源发展规划了较明确的目标；电力市场化改革实现了该国在发、输、配、售电侧私有化且高度竞争的经营模式；英国投资准入门槛较低，能源电力行业对外资准入设立一定限制；对可再生能源项目设立多种市场化机制及税收优惠政策；政府对外资购买土地无特殊限制，但对外国劳动力进入本国市场限制较严格，并颁布相关法律监督环境治理。英国政策概况如图 5-1 所示。

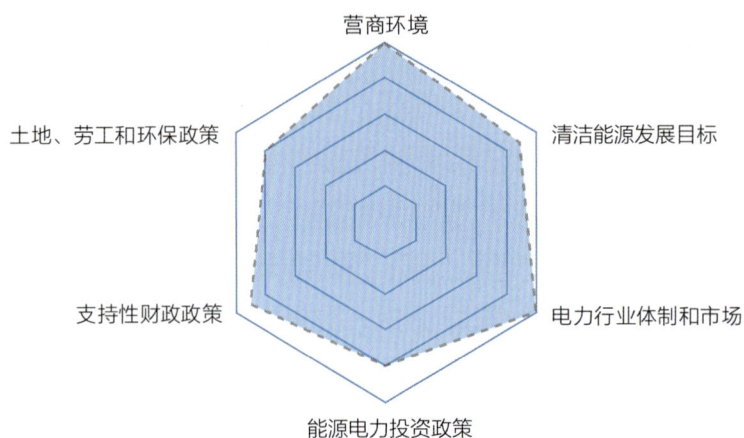

图 5-1　英国政策概况

清洁能源发展目标方面，英国始终走在世界前列，21 世纪以来重点发展可再生能源，先后发布多项举措以加强生物质、太阳能、风能以及核能等低碳能源应用，已正式过渡到"可再生能源代替化石能源"道路。2003 年发布《能源白皮书》，提出英国的能源政策将大力向清洁、可再生能源方面倾斜，减少石油、煤炭和天然气等化石燃料和核能的使用。2011 年政府颁布了英国可再生能源发展路线图，目标为到 2020 年英国实现 15% 的可再生能源消耗量。2017 年英国政府宣布 2025 年之前淘汰现有煤电，由天然气及可再生能源替代。2019 年英国发布"海上风电产业战略规划"，明确提出海上风电装机容量将在

2030 年前达到 3000 万千瓦，为英国提供 30% 以上的电力。英国确立了 2050 年实现温室气体"净零排放"的目标。

电力行业体制和市场方面， 英国已实现发、输、配、售各领域私有化，采用配、售分离的零售竞争管理模式，发电和配电领域市场竞争激烈。在发电侧，英国约有 30 家电力公司，其中法国电力集团（EDF，Electricite De France）占据市场份额最大，约为 27%。在售电侧，英国天然气（British Gas）公司占据市场份额最大，约为 19%。发配电环节分别由 4 家及 7 家电力公司运营。英国采用阶梯电价，售电侧竞争激烈，居民和工商业用户均可自由选择电力供应商。据英国统计局数据，2018 年非居民用户平价用电价格为 11.37 便士 /kWh（不含气候变化税）和 11.73 便士 /kWh（含气候变化税）。另外，英国提供多种类供电模式，如 Economy 7，Economy 10 以及用户自己利用太阳能、风能以及其他清洁方式发电获得电力。其中，Economy 7 与 Economy 10 类似于国内峰谷电价，每日不同时刻制定不同的费率。

能源电力投资政策方面， 外商或外资控股公司从法律意义上讲与英资公司享有同等待遇，在英国可从事多种形式的投资经营活动，但能源领域对外国公司有一定限制。为保障可再生能源发电企业利益，英国政府在 2013 年引入过渡性的可再生能源最终投资决定（FIDeR，Final Investment Decision Enabling for Renewables）机制，引导低碳电力项目开发商在差价合同机制之前进行最终投资的决定。2014 年英国政府向八个可再生电力项目提供了最终投资决定合同，这些项目到 2020 年将提供高达 120 亿英镑的私营部门投资，新增 4.5GW 的低碳装机机组。

支持性财政政策方面， 2002 年颁布了《可再生能源义务法令》，以市场为基础对可再生能源进行扶持，旨在通过多样化可再生能源义务证书，对不同技术的可再生能源发电给予实质性激励。2010 年针对最大容量为 5 兆瓦的小规模可再生能源引入上网电价补贴政策。英国政府致力于保持低税率制度，同时中央、地方政府均出台对外国投资的降低税收等鼓励优惠政策，以加强对外国投资者的吸引力。英格兰、威尔士与苏格兰均设立针对可再生能源行业的企业区，提供商业利率折扣、简化规划审批程序、减免租金等优惠政策。除此之外，英国对非可再生能源发电征收电力税，以提高可再生能源发电的市场竞争力。

土地、劳工和环保政策方面, 英国对于外国企业购买土地没有限制,购买手续简单,一般可通过产权公司购买、合作投资或合资形式等获得。英国对外国劳工准入采取适度从紧政策,允许欧盟成员国内部人员自由流动,限制欧盟外国家对英国进行劳务输入,通过工作许可制度(Work Permit System)控制经济移民的数量和质量。英国非常注重环境保护,是世界上环保标准最高的国家之一,根据不同监管对象制定了一系列管理政策,包括 2018 环境(原则和治理)法案、清洁增长战略、清洁空气战略、气候变化战略等。英国的投资或承包工程根据是否可能会对环境造成重大影响进行环评,当前遵循《欧盟环境评估指令》,脱欧后遵循 2019 年英国发布的《环境影响评估指令》。

5.2.2　德国

德国营商环境良好，根据世界银行《2020 年营商环境报告》，德国在全部190 个国家和地区中排名第 22 位，较 2019 年排名上升了 2 名。政府为可再生能源发展规划了宏伟且详细的目标；电力市场化程度高，实现了发输配售各环节私有化且拆分的零售竞争模式；德国支持外资进入本国，给予外资同等优惠政策；政府出台可再生能源税收减免、直接资金支持、补贴等多样化政策，实现可再生能源蓬勃发展；德国外籍劳工准入规则较严格，能源电力基础设施项目需经过评估和审核方可执行。德国政策概况如图 5-2 所示。

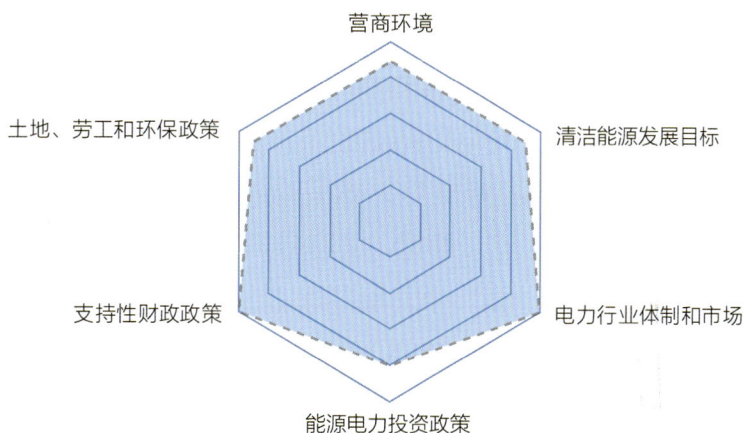

图 5-2　德国政策概况

清洁能源发展目标方面，2010 年德国发布《德国能源方案》，设定可再生能源发展目标为到 2020 年、2030 年、2040 年及 2050 年，可再生能源发电量占发电总量分别达到 35%、50%、65% 及 80%，可再生能源消费占终端能源消费总量分别达到 18%，30%，45% 及 60%。提出大力发展离岸风电，到2030 年实现离岸风电装机容量达到 25GW。

电力行业体制和市场方面，德国市场化水平较高，采用发输配售各环节私有化且相互拆分的零售竞争管理模式，发电和配电领域市场化竞争激烈。在发电侧，RWE/innogy 占据市场份额最高，达到 32%。在输电侧由 4 家公司运营，其中 50Hertz 公司占据市场份额最高，达到 31%。在售电侧，RWE/innogy占据最高市场份额（14%）。德国电力资源丰富，但因限制核电发展其实际电价水平超过其他欧盟发达国家。德国电价水平不统一，不同供应商采取差异化电价，包括月租费、税费及单价等部分。据德国联邦统计局数据，2018 年德国家庭用电价格为 0.301 欧元 /kWh（含税），工业用电价格为 0.156 欧元 /kWh（含消费税，不含增值税）。

能源电力投资政策方面，德国《对外经济法》规定，外国投资者在德国投资享受与本国企业一致的国民待遇，无专门为外资企业制定的法规，外国投资者对企业的拥有权、外资公司组织形式及其资本流动不会受到特殊限制。外国投资者可以通过新建企业、入股、兼并和收购等方式在德投资。

支持性财政政策方面，德国所有和能源使用相关的法律法规，在近年的立法或修订中，都设立促进可再生能源使用的优惠条款。例如制定并多次修改《可再生能源法》，推出税收优惠、资金支持等各种扶持政策以鼓励可再生能源投资。1990 年德国开始实施上网电价补贴政策，规定了各类清洁能源发电电价。2016 年引入可再生能源发电招标制度，德国政府对绿色电力生产企业年补贴额于 2017 年已超过 200 亿欧元。德国 1999 年实施"10 万太阳能屋顶计划"，提供总计约 4.6 亿欧元财政预算。德国复兴信贷银行 2009 年出台可再生能源计划，包括标准类项目与补贴类项目，为可再生能源投资提供优惠贷款、还款奖励、融资支持等。2017 年为可再生能源应用提供 3.2 亿欧元财政预算。

土地、劳工和环保政策方面，德国对于外资获得土地所有权和使用权无特殊规定，无使用年限限制，外资企业与德国人一样享受同等待遇。德国对于外籍劳工准入非常严格，同等条件下应优先雇用本地员工，只有本地员工无法完成的特殊工种才能从外国引进。德国十分注重环保，环保法律完善且体系复杂，是拥有世界上最完备、最详细环境保护法的国家。所有建设工程需在发包之前依据《环境影响评估法》开展环评。

5.2.3　荷兰

　　荷兰营商环境良好，根据世界银行《2020 年营商环境报告》，荷兰在全部 190 个国家和地区中排名第 42 位，较 2019 年排名下降了 6 位。政府制定了较为明确的可再生能源发展规划；积极推动电力市场改革，已实现发电、配电、售电领域私有化，采用先进的发输配售各环节分离的零售竞争模式；在能源电力投资领域，荷兰对外资采取鼓励政策，对外资实行国民待遇，并针对节能环保行业提供政策支持；外资可以在荷兰获得土地所有权和使用权，非欧盟国家外籍劳工准入存在一定限制，能源投资项目需事先接受环评审查。荷兰政策概况如图 5-3 所示。

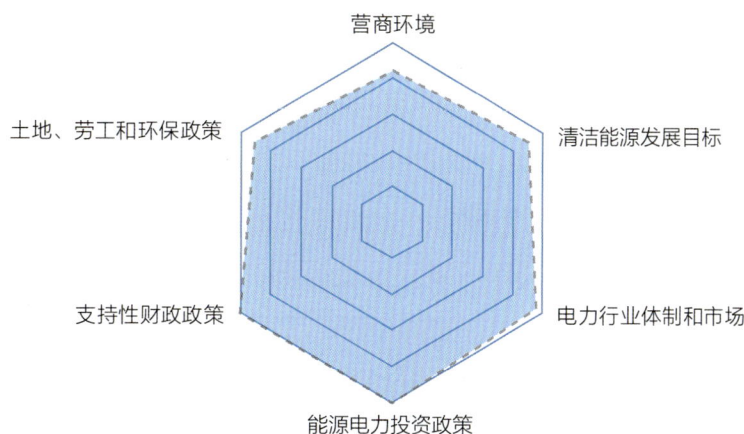

图 5-3　荷兰政策概况

　　清洁能源发展目标方面，荷兰遵循欧盟到 2030 年可再生能源消费占终端能源消费比例 32% 的计划，并计划到 2023 年可再生能源消费占终端能源消费比例为 16%；计划于 2023 年建成 6~7GW 的风电厂与 100 万 ~200 万个住户型光伏系统；到 2050 年通过可持续、可靠且平价的能源系统使全国二氧化碳排放量减半并持续能源供给 40% 的国家用电。荷兰政府从 2015 年起要求各能源公司提供的电力中清洁能源须达到一定比例。荷兰宣布将从 2030 年起禁止使用煤炭发电，要求国内两家运营多年的燃煤电厂于 2024 年底前关闭，三家全新燃煤电厂于 2029 年底前关闭。

　　电力行业体制和市场方面，荷兰发电、配电和售电已实现私有化，采用发输配售各环节相互拆分的零售竞争管理模式。发电侧竞争激烈，其中属于德国公共事业公司（RWE）的荷兰能源集团公司（Essent）市占率最高，达到

17%。输电资产由荷兰财政部（The Dutch Ministry of Finance）唯一持股的荷兰电力公司 TenneT 100% 拥有。配电侧完全由私人资本持有，其中市占率最高的为 Liander 公司，达到 36%。售电侧由私人资本及国有资本共同持有，其中市占率最高的为荷兰能源集团公司（Essent）公司，达到 36%。荷兰有多家供电公司，报价具有一定差异，用户可从能源比价网站选择合适供电商。荷兰用电可选择单一固定供电价格或早晚分时电价套餐，工业及生活电价平均水平均为 0.22 欧元 / 度。

能源电力投资政策方面，欧中商会在《荷兰投资环境国别报告》中指出，荷兰是全球投资政策最开放的国家及投资环境最好的欧洲国家之一，投资环境成熟稳定。对外资采取鼓励政策，除涉及国防安全等少数领域外，其他行业和部门均对外资开放，无投资方式限制，外国企业和自然人均可在荷兰设立合资、独资企业，也可并购当地企业，且享受与本国企业同等权利。能源是荷兰引资重点行业，荷兰为投资清洁技术的公司提供占总投资额一定比例的税收减免，2018 年相关预算高达 147 百万欧元；允许投资列入环境技术清单（Milieulijst）的特定可持续能源技术的公司单独确定投资折旧。

荷兰发布 EIA、MIA、VAMIL 等计划，提供节能环保政策支持，其中 EIA 计划对节能项目投资税收减免最高达 41.5%，MIA 计划对环境友好型投资给予 36% 的税收减免，VAMIL 对有利于环保的特殊创新项目给予加速折旧（Random Depreciation）以享受税收减免。EIA 计划和 MIA 计划不能兼容，但可和 VAMIL 计划同时申请，通过审批后将享受较多的税收优惠。

支持性政策方面，荷兰提供直接性财政支持，增加可再生能源支持计划预算至每年 32 亿欧元，且每年拨付 3 亿欧元用于气候和能源转型的实验性项目；为可再生能源发展提供多种类税收优惠政策，如对完全由可再生能源发电的电量实行固定能源税豁免政策等。此外，荷兰 2016 年出台绿色基金计划；出台绿色项目计划，对节能环保型项目融资实行较低利率；为可再生能源提供多种类补贴，如可再生能源补贴计划（the SDE+ scheme）对可再生能源生产进行补贴，2018 年春季，荷政府拨款 60 亿欧元面向风能、太阳能、生物质能、地热能和水能等可再生能源发电新项目；实施可再生能源配额制，每收购一定比例的可再生能源电量可获得政府颁发的"绿色证书"进行市场交易；在终端实行净计量政策；建立能源合作社机制，鼓励居民就近参加可再生能源项目等。

　　土地、劳工和环保政策方面，外资企业在荷兰享受国民待遇，荷兰对外资企业获得土地无专门规定。在外籍劳务方面，欧盟（除罗马尼亚、保加利亚、克罗地亚以外的所有欧盟成员国及挪威、冰岛、列支敦士登）公民在荷工作享受优先就业权，其他国家劳务人员则需符合《外国人就业法》，且规定在无欧盟成员国公民可胜任工作时才可对非欧盟成员国公民发放工作许可。荷兰《环境管理法》对环保评估有较为详细规定，钢铁厂等对环境有实质性影响的机构在设立、变更或扩张时知会当地市政府，部分业务还需申请环境许可；对环境有广泛影响的项目必须向市级、省级甚至基础设施和环境部申请环境许可后才能实施。

5.2.4 丹麦

丹麦营商环境优越，在世界排名名列前茅，根据世界银行《2020 年营商环境报告》，丹麦在全部 190 个国家和地区中排名第 4 位，较 2019 年排名下降 1 位，在欧洲国家和地区中排名第 1 位。政府提出较为明确的可再生能源发展目标；丹麦已与其他三国实现电力市场耦合形成北欧电力市场，是世界运作最成功的电力市场典范之一，发电、配电和售电领域实现私有化，采取发输配售各环节分离的零售竞争模式。丹麦投资准入政策宽松，鼓励外资进入本国投资，在能源电力领域出台吸引外资政策。丹麦对外籍劳工准入严格，能源投资目建设需经过环保评估和审核后方可执行。丹麦政策概况如图 5-4 所示。

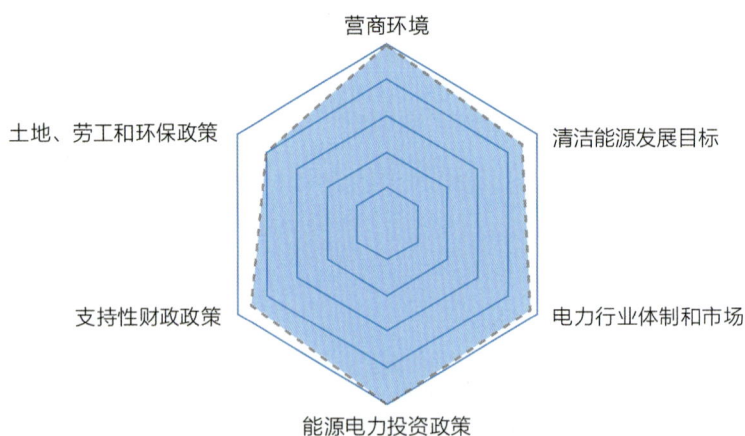

图 5-4　丹麦政策概况

清洁能源发展目标方面，丹麦政府提出，到 2020 年风电占电力消费总量比例达到 50%，到 2025 年可再生能源消费至少占能源消费总量的 30%，到 2050 年彻底告别化石燃料，能源供应 100% 由清洁能源提供。具体包括 2020 年以前在 Kriegers Flak、Horns Rev 分别安装 600MW 及 400MW 海上风电，实现 2020 年陆上风电总装机容量达到 1800MW 的目标。

电力行业体制和市场方面，丹麦共有 6000 个大小发电厂，主要使用煤、风能、天然气、生物沼气发电，其中风力发电占 42%。2013 年 1 月 1 日，丹麦电力市场全面开放且运行良好，采取发输配售各个环节分离的零售竞争模式。2000 年，丹麦、瑞典、挪威、芬兰四国正式形成北欧电力市场，当前已成为世界运作最成功的电力市场典范之一。北欧各国电力互补性极强，丰水期北欧北部地区成本较低的富裕水电流入南部地区，市场实时电价较低，枯水期南部火电流入北部地区，形成较高市场实时价格。

发电侧市占率最大的公司为丹麦海上风电开发商奥斯特德（Orsted）公司，是北欧最具价值的能源公司之一，市占率高达 29%。输电环节由国有企业丹麦 Energinet 输电公司负责。售电市场拥有超过 50 家售电公司，其中丹麦海上风电开发商奥斯特德（Orsted）公司市占率最高，达到 28%。2018年丹麦家庭用电价格平均约为 0.35 美元 /kWh，工业用电价格平均约为 0.094美元 /kWh。

能源电力投资政策方面，丹麦对外国投资持鼓励态度，除涉及国家安全及部分航海运输业和国内航空运输外，欢迎有实力的外资企业在丹麦开展各种形式的投资活动，对外国与本国投资者一视同仁，无特殊优惠政策。外国投资者可以独立法人实体或建立分支机构的形式开办公司，注册过程简单迅速、无须公证或单独政府审批，也可通过收购现有商业实体实施投资。外国投资大型基础设施建设多以 EPC 方式为主，仅有少量 PPP 项目。

丹麦政府在能源电力领域鼓励外国投资的措施包括为能源领域研发项目提供赠款资助，部分高能耗公司可申请补贴支付环境税；出台面向投资型公司的税收优惠措施，免除公司汇出红利的预扣税款和丹麦公司所收到红利的税款等。

支持性财政政策方面，丹麦为可再生能源发展提供大量财政补贴。例如，2008 年发布《丹麦能源政策的执政协议（2008）》，涵盖对风电、生物质能等各类可再生能源开发利用的支持政策，包括每年投资 2500 万丹麦克朗作为太阳能和波浪能发电研究经费；2011 年发布《能源政策的执政协议（2011）》，包括四年内投入 1 亿丹麦克朗支持新可再生能源发电技术开发利用，提供补贴鼓励工业生产过程提高可再生能源利用及节能投资，2014—2020 年补贴提高至每年 5 亿丹麦克朗，投资 950 万丹麦克朗用于实现 Samsφ 岛的零化石燃料项目等；2009 年发布《可再生能源促进法》，包含 4 项风电发展计划，包括补偿风机相应土地资产贬值损失、项目调研资金担保等；对可再生能源提供发电补贴等。

土地、劳动和环保政策方面，除欧盟居民或来自其他欧盟成员国的公司外，非丹麦居民和未在丹麦住满 5 年的人员，以及不在丹麦注册的外资公司，须在政府有关部门批准下才可购置不动产。在外籍劳务方面，丹麦优先考虑欧盟国家公民，确无合适人选情况下才可聘用非欧盟国家人员，非欧盟国家的非技术性劳务在丹麦获得工作许可的难度较大。丹麦在遵照欧盟法令原则基础上，对涉及投资项目新建工程进行了环保规定，即企业必须在项目开工前获得环境许可、废水排放许可及建筑许可。丹麦环境监管部门负责监督企业运行过程对环境造成的危害，如违反相关规定则根据严重程度有被警告、罚款及企业负责人监禁等处罚。

5.2.5 挪威

挪威总体营商环境优越，根据世界银行《2020 年营商环境报告》，挪威在全部 190 个国家和地区中排名第 9 位，较 2019 年后退 2 位，在欧洲国家和地区中排名第 3 位。政府制定了积极的可再生能源发展战略；与其他北欧三国形成了市场化程度高、体系较为完善的北欧电力市场，为世界成功运作的典范电力市场之一；总体上对外资持鼓励态度，对外资实行国民待遇，但水力发电领域几乎不对外资开放；允许外资企业购买土地但需提出土地利用申请，外籍劳工进入本国市场需获得工作许可，对大型工程的环保要求较为严格。挪威政策概况如图 5-5 所示。

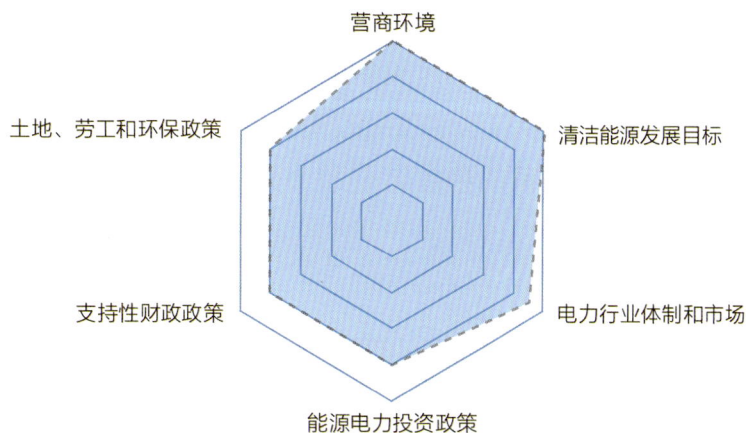

图 5-5 挪威政策概况

清洁能源发展目标方面，挪威的可再生能源行动计划（renewable energy action plan）目标为到 2020 年可再生能源发电占全部发电量比例达到 67.5%，其中水电装机达到 32.3GW，其中小于 1MW、1MW~10MW、大于 10MW 规模的水电装机分别达到 215MW、2.6GW 和 29.5GW，风电装机达到 3.5GW，生物质能装机达到 236MW。2020 年 6 月挪威政府宣布开放 Utsira Nord 海域和 Srlige Nordsj II 海域用于开发海上风电项目，计划装机规模达到 4.5GW，预计于 2021 年开放招标。

电力行业体制和市场方面，2000 年丹麦、瑞典、挪威、芬兰四国形成北欧电力市场。北欧四国除进行内部资源优化外，在用电高峰时期，从邻国俄罗斯、德国、波兰进口电能，跨国电力交易非常频繁。挪威法律规定，当局应至少持有能源公司的三分之一股份。挪威约 96% 的电力供应来自水电，发电容量大部分由政府持股，其中欧洲最大的可再生能源供应商挪威国家电力公司

（Statkraft）市占率最高，达到 33%。输电环节由挪威国家电网公司（Statnett）持有和运营。售电侧竞争较为激烈，拥有超过 140 家售电公司，用户市场意识及活跃度较强，用户供电商转换率于 2012 年达到 13%，居北欧四国之首。但地方最大供应商平均供电范围可覆盖 70% 终端客户。

能源电力投资政策方面，挪威对外资总体持欢迎和鼓励态度，对外国投资者实行国民待遇，无针对外资的特别优惠措施，也无规定对特定行业的外资优惠政策，由地方政府根据地方经济发展需要自行制定投资优惠政策，其形式多为向投资者提供基础设施齐全的廉价工业用地。挪威允许外国投资者 100% 全资拥有挪威企业，外国投资者参与当地基础设施投资没有限制，但水力发电行业准入门槛极高，外资难以获得经营许可。挪威无针对能源电力行业的投资鼓励政策，但由于国家希望降低石油、天然气依赖，在油气领域之外的投资，在特殊条件下可能得到税收优惠等当地政府政策支持，如 2002 年开始实施企业部分研发经费抵免当年应缴税额的税收激励政策以支持技术创新，能源电力领域企业包含其中。

支持性财政政策方面，挪政府 2008 年承诺每年将出资近 1 亿美元用于国际环保和能源项目研究，同时计划出资 36 亿美元提高挪威再生能源利用和提高能源效率，并为此专门成立了"Enova"机构负责管理和监督。挪威 2012 年推出"可再生能源援助计划（el-certificates）"，为风能、水能和生物质能等提供补贴。同年，与瑞典联合实施可再生能源证书共享计划，在该体系下瑞典和挪威对跨境可再生能源项目分别给予补贴，2015 年瑞典和挪威政府同意将联合生产目标提高 2 TWh 至 28.4 TWh。挪威"Plus 客户"计划（Plus customer）规定 2016 年以后公用事业公司必须从光伏系统运营商处购买电力。

土地、劳工和环保政策方面，外国企业可以购买城市土地、耕地、山地、林地、矿区、瀑布和岛屿等在内的各种土地资源，但需先向政府有关部门申请特许权。外籍劳工需先办理工作许可方可进入挪威工作。挪威环保政策较为严格细致，规定在计划开展任何可能涉及严重污染的活动前均需通报环保部门，申请排放许可，按要求提交环境影响评估报告等，同时建立了环保检查制度，每年对企业环保工作进行抽查。

5.2.6 冰岛

冰岛总体营商环境良好，根据世界银行《2020 年营商环境报告》，冰岛在全部 190 个国家和地区中排名第 26 位，较 2019 年后退 5 位，在欧洲国家和地区中排名第 6 位。冰岛已实现可再生能源大规模开发利用；政府反对能源公司私有化，确保能源电力行业多数股份为政府所有，市场化程度低；冰岛无针对外国投资的优惠政策，在能源领域对外国投资限制严格；外资企业可获得土地长期租赁权，外籍劳工输入限制十分严格，环评政策严格，要求可能对冰岛环境造成重大影响的项目须首先进行环境评估。冰岛政策概况如图 5-6 所示。

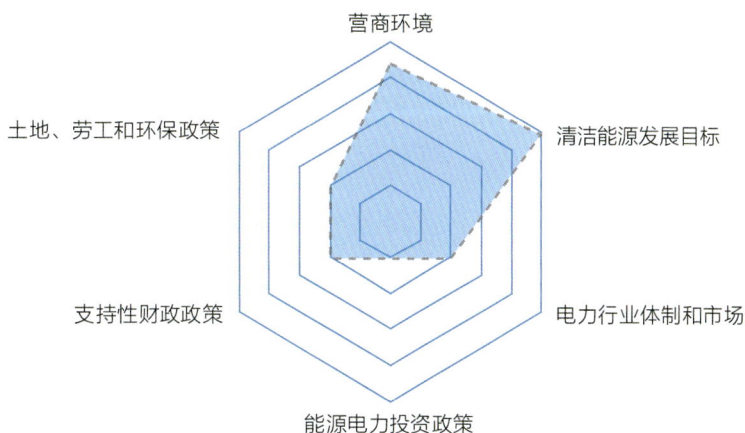

图 5-6 冰岛政策概况

清洁能源发展目标方面， 冰岛是国际能源署统计国家中可再生能源占比最高的国家，99.99% 的电力来自可再生能源。冰岛目标为 2050 年完全摆脱对石油能源的依赖。

电力行业体制和市场方面， 冰岛政府反对能源公司私有化，确保能源公司多数股份为政府所有。国家电力公司（Landsvirkjun）、雷克雅未克能源公司（Orkuveita Reykjavikur）、HS Orka 公司是冰岛主要电力生产企业。其中冰岛国家电力公司装机容量占全国总装机容量比例高达 73%。冰岛电力充足且价格低廉，工业电价根据用量及合约时间而定，电价水平低于生活用电价格，最低可达到约 6.2~6.9 美分 /kWh，低于欧美市场平均电价。此外，办公、居住场所另需缴纳排污费和淡水资源费。

能源电力投资政策方面，冰岛无针对外国投资的优惠政策，在能源领域对外国投资限制严格，规定仅冰岛公民和其他冰岛实体，以及欧洲经济区居民和法律实体可获得非居民用途的瀑布和地热等能源开发权，进行生产和销售能源。冰岛允许外国人通过购买公司股权方式并购冰岛企业，但对能源领域的外资并购企业设立特殊法律规定。冰岛 BOT/PPP 项目尚处于起步阶段，无外资开展 BOT/PPP 的规定。

支持性财政政策方面，冰岛尚未公开针对清洁能源行业的支持性政策，但出台部分通用支持性财政政策。例如，冰岛降低企业税收，企业所得税率仅为 20%，低于欧美等多数发达国家。为吸引投资恢复经济，冰岛于 2010 年颁布《初始投资鼓励法》，提供税收优惠、折旧优惠、直接现金奖励等地区性奖励措施，及研发投资补贴、环保类投资项目补贴等一般性奖励措施。

土地、劳工和环保政策方面，冰岛设立严格限制条件，非欧洲经济区和欧洲自由贸易联盟国家的企业或个人在冰岛获得土地须符合《不动产使用及所有权法》规定。一般情况下，外企企业在冰岛如因投资经营需求，土地使用权可通过辖区地方政府租赁获取，允许签订长期租赁协议。冰岛移民局对外籍劳务，尤其非欧洲经济区的劳务输入采取严格限制措施，外国人进入冰岛劳务市场前须取得劳工局颁发的工作许可，且获取难度极高。冰岛法律规定可能对冰岛环境造成重大影响的项目在获得许可前须进行环境评估。

5.2.7 法国

法国营商环境良好，根据世界银行《2020 年营商环境报告》，法国在全部 190 个国家和地区中排名第 32 位，与 2019 年没有变化，在欧洲国家和地区中排名第 8 位。法国制定了明确具体的清洁能源发展规划目标；电力市场采用发输配售各环节分离的先进零售竞争模式，但市场集中度极高，国有企业占据垄断主导地位；鼓励外资进入本国投资，并给予与本国企业同等投资政策；出台了一系列支持性政策支撑可再生能源发展；对外籍劳务管理严格，外国劳工基本无法进入法国市场，允许外资企业租赁土地获得使用权，依据项目类型实行不同程度的环评审查。法国政策概况如图 5-7 所示。

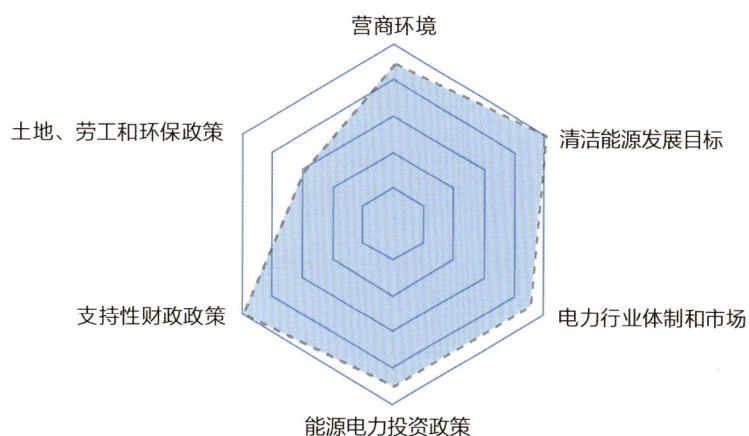

图 5-7　法国政策概况

清洁能源发展目标方面，法国遵循欧盟提出的可再生能源发展目标，即到 2030 年可再生能源消费占最终能源消费量比例达到 32%。法国发布"国家可再生能源行动计划（NREAP，National Renewable Energy Action Plan）"，指出欧盟可再生能源发展目标将具体通过可再生能源发电占比 27%、供热和制冷占比 33%，运输占比 10.5% 等来实现。法国于 2015 年提出"能源转型法律（energy transition law）"，设定 2030 年可再生能源发电占比 40% 的总目标，以及到 2023 年清洁能源发电能力达到 71~78GW、2023 年可再生能源供热达到 19 Mtep、到 2023 年海上风电装机容量达到 3GW 等一系列具体目标。政府 2020 年发布了国家能源计划的正式法令——能源计划"the Programmation Pluriannuelle de l'Energie（PPE）"，提出到 2023 年可再生能源发电能力达到 20.1GW，到 2028 年可再生能源发电达到 44GW、2020—2028 年间增加海上风电装机容量 8.75GW 等目标。

电力行业体制和市场方面，法国发电、配电和售电侧引入私人资本，采用发、输、配、售各环节分离的零售竞争模式。但其市场高度集中，国有资本控股的法国电力公司 ELECTRICITÉ DE FRANCE（EDF）在法国电力工业处于垄断主导地位，实行发输配售在法律上分离的一体化经营模式，输电公司兼系统运营者 RTE 和配电公司 Enedis 均为 EDF 子公司，在发电侧，EDF 市占率高达 80%。在配电侧，EDF 全资子公司 Enedis 公司管理运营 95% 配电网络。在售电侧，EDF 公司市占率高达 77%。

法国能源供应充足，且核电比例较大、燃料成本相对较低，是形成较低电价的主要因素。工业企业高峰及低谷时段电价水平分别约 0.1149 美元 /kWh、0.083 美元 /kWh，个人高峰及低谷时段电价水平分别约 0.1887 美元 /kWh、0.1479 美元 /kWh。获取电力等能源供应需提前与法国供应商签订合约，合约一般期限为 1 年，合约价格包括能源单位价格、能源消费年 / 月租费等，其中租费根据全年预计能源消耗量决定，约占总消费金额的 10%~90%。

能源电力投资政策方面，法国投资环境开放透明，除某些特殊行业须事先申报外，外国投资者在法国市场可享受"国民待遇"。除对公司和股权收购有一系列相关规定外，法国对外国投资方式无特别限定，不限制外国自然人在当地开展投资合作。法国各大银行主要根据相关企业的信用情况对外资企业提供融资，无统一标准。法国政府制订和实施了一系列庞杂且具体的鼓励政策与措施以鼓励投资，主要可划分为政策性税收减免和财政补贴两类。法国明确鼓励发展技术创新产业，2005 年在传统经济园区基础上推出"竞争力集群"项目，涉及领域包含可再生能源相关产业。

支持性财政政策方面，法国制定了可再生能源强制性购买条款及可再生能源上网电价政策。2002 年颁布《住宅用可再生能源设备增值税减税法案》，适用于两年以上的一级或二级住宅用于可再生能源生产和消费的设备。2009 年法国出台金融法——可持续能源条款，通过税收激励机制、税收抵免、补贴及优惠贷款等措施支持可再生能源发展，例如为节能改造提供零息贷款等。法国出台鼓励可持续发展与保护环境的税收优惠，规定利用再生能源或采用节能技术设备的企业均可享受税收优惠、购买或生产节能环保设备的企业应缴地方营业税可获折半优惠。大力推行实施 PALME 计划，加强环境管理，促进企业之间废弃物与废弃能源交换利用，并向达标经济园区颁发 PALME 计划的生态认证标志。

土地、劳工和环保政策方面， 允许外资通过房地产合伙公司（SCI）购置房产、投资购买土地建设工业和商业建筑，但须先取得建筑许可证、产权证。允许外资企业签订长期或短期租赁合同的方式获得土地使用权，长期租赁合同法定期限为 9 年，短期租赁合同期限不超过 24 个月。法国对外籍劳务进入规定十分严格，一般情况下外籍劳务很难取得工作许可和长期居留证。法国的环保评估项目根据规模和性质不同分为三类，大型能源开发类项目需通过正式环境影响评估，500kW 以下水电项目等中型项目仅需作简单影响说明。

5.2.8 西班牙

西班牙总体营商环境良好，根据世界银行《2020 年营商环境报告》，西班牙在全部 190 个国家和地区中排名第 30 位，与 2019 年排名无变化，在欧洲国家和地区中排名第 7 位。政府尚未公布明确的清洁能源发展规划；电力市场化程度高，已与葡萄牙形成伊比利亚区域电力市场，实现发电、配电和售电领域高度私有化，且发输配售各环节分离的零售竞争模式；鼓励外国投资者参与可再生能源投资，出台相应财政激励和税收鼓励政策；外资企业可自由购买本国土地，对外籍劳工限制较为严格，要求项目投资前需提交环评报告。西班牙政策概况如图 5-8 所示。

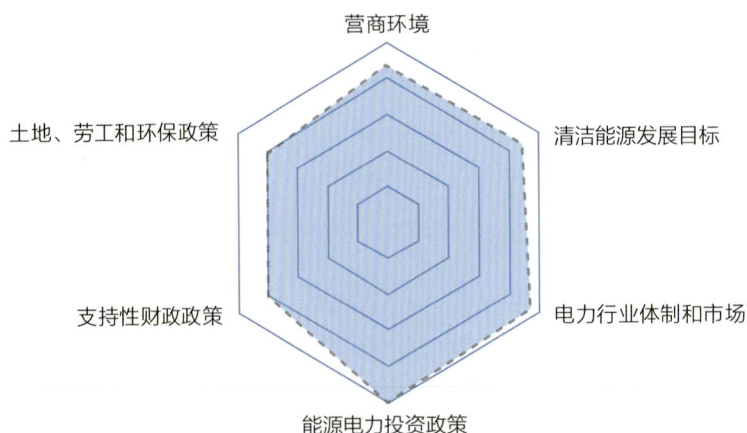

图 5-8 西班牙政策概况

清洁能源发展目标方面， 西班牙提出 2020 年可再生能源占终端能源消费比例达到 20%，2030 年上升至 42%；2020 年可再生能源占电力消费比例达到 40%，2030 年上升至 74%，2050 年上升至 100%。政府于 2019 年公布《气候变化与能源转型法（草案）》，设定到 2030 年温室气体排放较 1990 年减少至少 20%、可再生能源发电占总发电量比例达到 70%、可再生能源占最终能源消费比重至少 35% 等一系列目标。同时，《草案》设定了可再生能源的年度装机容量目标，每年可再生能源拍卖将至少达 3GW。

电力行业体制和市场方面， 西班牙市场化程度较高，已实现发电、配电和售电环节私有化，采取发输配售各环节拆分的零售竞争模式。2007 年西班牙与葡萄牙形成伊比利亚电力市场，是当前全球一体化程度最高的区域电力市场之一，2010年伊比利亚电力市场与其他5个欧洲电力市场宣布进行市场联合出清，增加与法国、德国、摩纳哥之间的电力交易。

发电侧市场竞争激烈，其中西班牙第二大电力公司及全球最大的风电营运商西班牙伊维尔德罗拉公司（Iberdrola）市占率最大，达到25%。在输电侧，西班牙电网公司（red eléctrica de españa，ree）作为唯一的输电许可商，负责西班牙全境所有电站发电的收购、输送和分配。售电侧竞争较为激烈，其中西班牙国内最大的电力企业及拉丁美洲最大私营跨国电力公司恩德萨国家电力公司（Endesa）市占率最大，达到32%。

西班牙虽是可再生能源大国，但受气候等因素影响风电和水电等供应量走低，天然气和煤炭依赖度不断提升，导致西班牙电价居高不下。2018年西班牙平均电价为57.59欧元/MWh，据西班牙Facua消费者协会统计，2018年规范价目项下一般用户平均电费支出达926欧元。

能源电力投资政策方面，西班牙有关外国投资的法律法规体系健全，政策透明度较高，且外资管理法律较为简单，除非来自避税天堂及与国家安全直接相关的投资项目，其他投资无须事先得到政府批准。西班牙提出"智能贸易"计划，旨在便利外商到西班牙投资。外国企业在西班牙商业银行融资享受与当地企业同等待遇，西班牙法律法规对外国投资项目融资（BOT）有明确规定，符合条件的项目可以BOT方式建设运营。西班牙当地银行为外国企业提供相当比例的银行保函，金额比例根据银行对企业信用状况的评估决定。债务危机以来，西班牙银行贷款条件逐渐苛刻。

可再生能源领域被列为西班牙重点鼓励投资领域，适用相应财政和税收鼓励政策，财政补助包括非偿还性补贴、贷款利息折扣、由西班牙官方信贷局（ICO）提供的更优利率更长还款期的官方信贷等，优惠税收政策包括减免城市税、公司成立的收费、设备进口关税以及公司所得税。西班牙能源节约及多元化研究所可为可再生能源项目提供低息贷款，不超过150万欧元的可再生能源项目可全额申请此贷款，利率为Euribor加0.3%，还款期为11年，该研究所可支配总贷款金额高达3000万欧元。此外，西班牙政府还提供技术援助、管理计划、可行性研究及资本风险调研等方面的帮助。各地区根据本地经济情况，制定了不同的吸引外资鼓励政策，例如马德里鼓励外商投资环保项目，安达卢西亚将风能发电列入鼓励外资领域。

支持性财政政策方面，西班牙设立专门的国家能源机构，为可再生能源融资项目提供便利。西班牙的信贷机构对个人和企业投资可再生能源设立利息减免计划，最高贷款额为 6300 万欧元，利息调整为 2%~4%。2007 年对可再生能源和综合发电设施退税作出规定，激励了光伏装机迅速发展。2014 年固定上网电价和溢价方案被"规定投资回报率"所取代，保证项目的"合理盈利能力"，其收益根据电力批发价格进行调整。政府提高可再生能源创新性活动税收减少值以刺激相关技术研发创新。2016 年新的可再生能源项目通过参与拍卖获取规定的投资回报。

土地、劳工和环保政策方面，外国企业或个人可在西班牙自由购买、转让土地或不动产并取得完整的所有权，西班牙法律对此无实质性特殊规定。欧盟内外国人可享受西班牙国民待遇，非欧盟成员国的外国劳工需持有居留证和特别工作签证。为保障本国人就业，政府大幅削减外籍劳工配额。西班牙环保法律法规内容符合欧盟及经合组织对环境保护的要求，各自治区政府均设有环保专门机构，下属省市政府在开展企业投资或工程建设前需向所在自治区政府提交环境评估报告。

5.2.9 意大利

意大利营商环境整体良好，根据世界银行《2020 年营商环境报告》，意大利在全部 190 个国家和地区中排名第 58 位，较 2019 年下降 7 位，在欧洲国家和地区中排名第 10 位。政府针对可再生能源发展制定明确具体目标；电力市场化改革实现发电、配电和售电环节私有化，采取发输配售各环节拆分的零售竞争模式；意大利投资准入门槛较低，不设立特别的法律规定限制外资进入，但针对能源电力行业存在一定限制；该国对可再生能源设立补贴及税收优惠政策；政府对土地购买及租赁无特殊要求，外国劳动力进入本国市场需获得工作许可，对投资项目有较严格的环保要求。意大利政策概况如图 5-9 所示。

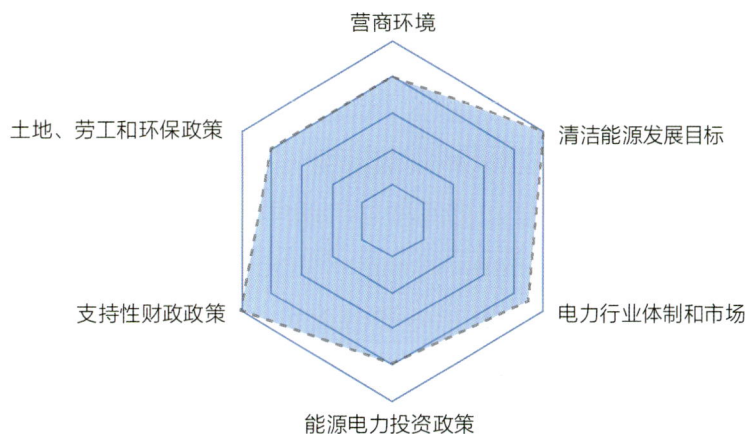

图 5-9 意大利政策概况

清洁能源发展目标方面，意大利 2004 年起贯彻欧盟促进可再生能源利用的政策框架，规定 2005—2007 年及 2007—2013 年间，每年上网可再生能源发电分别最少增加 0.35% 及 0.75%，在 2013 年应达到 7.55%。意大利于 2013 年通过国家能源战略，设立了将 2020 年全国可再生能源消耗占最终能源总消耗量比例从 17%（欧盟目标）提高至 19%~20%、可再生能源在一次能源消费占比达到 23%、能源运输中可再生能源占比 10% 的具体目标。意大利于 2017 年制定新的国家能源战略，设立 2030 年将可再生能源消费占比从 2015 年已达到的 17.5% 提高至 28% 的目标，具体包括将电力部门的可再生消费占比从 2015 年的 33.5% 提高至 55%，将热力部门的可再生消费占比从 2015 年的 19.2% 提高至 30%，将交通运输部门的可再生消费占比从 2015 年的 6.4% 提高至 21%。

电力行业体制和市场方面，意大利市场化程度较高，已实现发电、配电和售电环节私有化，采取发输配售各环节拆分的零售竞争模式。发电侧竞争激烈，意大利最大的电力供应商意大利国家电力公司（Enel）市占率最高，装机容量占总装机容量比例达到 24%，其余电力供应商市场份额均低于 10%。输电环节由意大利国家电网运营商（Terna）负责。售电市场竞争激烈，其中 Enel 市占率最高，达到 34%，其余售电商市场份额均不高于 10%。意大利电力资源匮乏，出于环保考虑基本摒弃煤电，依赖可再生能源及进口天然气发电，因此电价水平偏高。意大利实行分段计价电价机制，根据消费量高低划分不同计价等级，平均电价约为 0.22 美元 /kWh。

能源电力投资政策方面，意大利无专门针对外国投资合作的法律，政府高度重视吸引外资以促进经济复苏。外资在意大利享受国民待遇，可拥有 100% 产权，在税收和优惠政策方面与意大利本国企业一致。2012 年意大利立法在经济发展部设立"意大利之窗"（Desk Italia），负责简化行政审批流程等，为外商投资者提供一站式服务。意大利财政部全资持有的公共服务企业意大利投资促进署为外商投资项目提供全程咨询指导等服务。

在能源、电力等行业意大利对外资进入有一定限制。意政府对于非欧盟国家投资意大利火力发电项目、煤炭液化气项目、矿产资源开采等，强调与投资来源国的对等条件。对电网行业的外国投资有专门规定，需经行业主管部门的审核和批准。意大利对提高现有建筑能源效率进行投资的纳税人给予最高 75% 的税收减免优惠政策。能源供应业被设为投资鼓励行业，政府成立能效基金，为投资能效项目的企业提供政府担保和优惠性融资，利用建筑中的可再生能源产生热能以提高能效的企业和个人均可享受税收减免。此外，意大利针对在其南部投资制定了优惠政策，包括能源开采和分配等领域。

支持性财政政策方面，意大利实施了绿色证书计划、上网电价补贴及税收优惠等，充分促进了可再生能源发展，尤其是光伏发电。2007 年发布预算法，设立每年预算为 200 万欧元的循环基金，支持小规模可再生能源生产的电热产品等减少温室气体排放。绿色证书计划适用于 1999—2012 年建设电站，要求非可再生能源发电商和进口商每年须向电网系统输入最小额度的可再生能源电力。后实施全面上网电价补贴计划，作为绿色证书计划的替代，适用于功率低于 1MW（陆上风电为 200kW）的可再生能发电站，补贴期间为 15 年，期间补贴比率固定。意大利在终端采取净计量机制，当装机容量在 20~500kW 之间时，可再生能源发电商可获得净计量电价服务。为降低光伏发电前期成本，意大利出台税收减免激励措施，2015 年税收减免达到光伏发电成本的 50%，自 2016 年起规定 36% 的光伏发电系统成本获得税收减免，对屋顶光伏系统提供相当于项目投资 85% 的免息贷款。税收激励措施同样适用于可再生能源供热系统。

土地劳工和环保政策方面，外资企业在意大利获得土地所有权方面享有与意大利本国个人和企业同等的私有财产保护权。外资企业可通过购买方式获得土地永久所有权，通过租赁方式获得合同规定年限的使用权。外籍劳工在意工作首先要取得工作许可，许可证明根据每年外国劳工数量配额情况签发。根据欧盟和意大利相关规定，任何可能对环境产生重大影响的自然或人工工程须进行环评。

5.2.10 希腊

希腊营商环境整体较好，根据世界银行《2020 年营商环境报告》，希腊在全部 190 个国家和地区中排名第 79 位，较 2019 年下降 7 位，在欧洲国家和地区中排名第 11 位。政府为可再生能源发展制定了优先鼓励水电开发的目标；电力市场化改革实现发电和售电环节私有化，采取发输配售分离的零售竞争模式，但市场集中度相对较高；希腊出台一系列政策鼓励外国投资政策，并将清洁能源发电、新能源开发与利用列为鼓励外商投资的领域，但因债务问题企业融资相对困难；政府对可再生能源项目设立财政补贴、税收减免等政策；除边境土地外，外资企业可获得希腊土地所有权；政府对外国劳动力进入本国市场限制严格且外籍劳务市场规模小；外资企业在希腊开展投资或承包工程需事先提交申请并获得环境条款批准。希腊政策概况如图 5-10 所示。

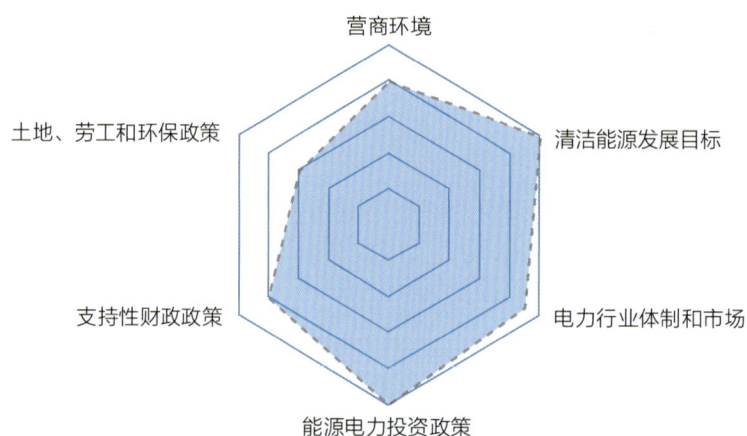

图 5-10 希腊政策概况

清洁能源发展目标方面， 设立了 2020 年可再生能源发电量占比达 18% 的目标。希腊于 2019 年新出台国家能源计划，设定到 2030 年累计光伏、风电、水力发电、生物质能以及地热发电装机容量分别达到 7.7GW、7GW、3.7GW、300MW 及 100MW 的总目标，具体目标为到 2020 年、2022 年、2025 年、2027 年光伏总装机容量分别达到 3、3.9、5.3GW 及 6.3GW。

电力行业体制和市场方面， 希腊实现发电和售电环节私有化，输配环节当前由希腊国家公共电力公司（PPC）的两个子公司希腊公共独立输电公司

（ADMIE）和希腊电力输配运营商（Deddie）分别持有，采取发输配售各环节分离的先进零售竞争模式，但市场集中度较高。在发电侧，希腊国家公共电力公司（PPC）市占率最高，高达 58%，市占率排名第二的电力公司为希腊米蒂利尼控股公司（Mytilineos Holdings SA）公司，仅达到 6%。在售电侧，希腊国家公共电力公司（PPC）市占率高达 81%，市占率排名第二的电力公司为希腊 Elpedison 公司，仅达到 4%。

希腊拟进一步推进私有化项目，将希腊国家公共电力公司（PPC）纳入其中。2016 年中国国家电网公司成功收购属于希腊国家公共电力公司（PPC）的希腊公共独立输电公司（ADMIE）24% 股份，推动希腊电网改造和岛屿电网互联。希腊居民采用阶梯价格，电价水平在 0.06611~0.09460 欧元 /kWh 间浮动，农业电价水平为 0.06412 欧元 /kWh。

能源电力投资政策方面， 希腊允许外国投资人以代表处、分公司、子公司等多种形式，采取现汇投资、设备投资、技术投资等方式，对希腊开展合资、合作、独资、并购等投资。允许外国投资者参与本国基础设施投资，并根据欧盟法律对参与项目投标主体提出要求。外国企业可在希腊当地银行进行融资，但受债务危机影响企业融资较为困难。大型基础设施项目多采用 PPP 合作方式，希腊政府和银行因债务危机难以提供资金支持，资金来源多为投资方及欧盟。希腊推出新《发展法》《战略发展法》《投资促进法》等一系列法案及政策吸引外资，例如设定了投资项目审批快速通道"FAST TRACK"政策，外来投资额达到 1 亿欧元可享受快速审批。

支持性财政政策方面， 希腊将清洁能源发电、新能源开发与利用及节能环保项目列为鼓励外商投资的领域，提供补贴、税收减免等政策，例如清洁能源发电项目在不同区域可享受 60%~100% 的税收减免。2006 年批准了旨在大力推动利用可再生能源发电的一揽子刺激计划，包括对电力企业和家庭用户实行税收优惠政策，简化许可证的发放程序等。希腊采用上网电价补贴政策，大规模可再生能源发电项目可通过竞拍分配获得上网电价溢价。2017 年 12 月，欧洲投资银行（EIB）宣布通过希腊国家电力公司实施的新投资计划。贷款协议价值 8500 万欧元，用于支持风力发电场和小型水电站的改造，以及在希腊全国建设新的水力发电厂和风力发电场。希腊对清洁能源行业投资提供补贴、税收减免优惠。

土地劳工和环保政策方面，外资企业可获得希腊土地所有权，但非欧盟公民很难获取边境地区土地。希腊对外籍劳务限制严格，只有经政府相关部门确认本国公民难以胜任的特殊岗位才允许招聘外籍雇员，且外籍劳务规模很小。根据希腊《环境保护法》，经营主体投资新项目必须事先经过希腊环境和能源部以及经济、发展和旅游部等部门环评才可获得开工许可，损害环境的行为可能受到行政及刑事处罚。外资企业在希腊开展投资或承包工程，必须向环境和能源部的主管部门或项目所在地当地政府部门提交有关申请并附带必需的法律文件，以获得环境条款批准。

5.3 投融资建议

5.3.1 以跨国并购、股权交易等多种形式参与欧洲清洁能源项目开发、投资和运营

欧洲能源电力行业市场基础好、存量资产较多，且外国企业进行绿地投资面临较高的准入门槛、难以获得经营许可。当地能源电力企业往往具有成熟完善的销售网络，既有的专利权、专有技术、商标权、商誉等无形资产，稳定的原材料供应保障体系，成型的管理制度和既有的人力资源等丰富资源和市场，建议外国企业采取跨国并购、股权交易等方式获得欧洲优质的能源电力资产，参与投资运营清洁能源项目，有利于顺利获得当地企业既有资源和市场，以迅速投入生产、开拓完善销售渠道，扩大市场份额，提高清洁项目开发运营竞争力。

5.3.2 积极参与 PPP 项目投融资

欧洲是 PPP 模式最早出现、发展最成熟的区域，在欧洲开发清洁能源可优先采用 PPP 模式。目前大部分欧洲国家都具备独立的 PPP 法律体系和管理机制，奥地利、丹麦、德国、爱尔兰、意大利、荷兰、葡萄牙、英国等国还设置 PPP 专门机构进行管理。在欧盟和部分欧洲国家为 PPP 项目专门开设咨询服务机构，例如欧盟投资银行下设的欧洲 PPP 专业中心、德国 PPP 能力中心等，针对项目规划、开发、招标、实施和监管等开展管理技术支持和咨询服务。建议投资企业积极借助 PPP 机构并借鉴欧洲 PPP 项目经验，参与 PPP 项目进行欧洲清洁能源开发。

5.3.3 借助欧洲绿色金融市场进行融资

欧洲是全球绿色金融发展的先驱，欧元绿色债券规模自 2013 年以来快速增长。在欧洲资本市场上，由于机构投资者众多，海上风电项目等清洁能源项目逐渐呈现出资产标准化趋势，有利于进一步便利项目融资和提高项目资产流动性。建议清洁能源项目借助欧洲绿色金融市场，发展针对清洁能源领域的绿色金融服务，重点包括清洁能源项目投融资、项目运营、风险管理等服务，发行标准化的绿色金融产品，通过绿色金融债券、绿色信贷、绿色保险、绿色基金

等方式降低金融成本，优化融资结构，提升项目收益，从而将资本吸引到绿色行业中，助推清洁能源快速发展。

5.4 小结

　　欧洲是全球最发达的地区之一，营商环境优越，基础设施齐全，高度重视经济与环境协调发展，清洁能源技术发展及相关领域投资均居世界领先地位。近年来，欧洲积极应对气候变化、倡导绿色发展，同时部分国家面临能源供应安全不足、减排压力较大及债务危机冲击、经济衰退等问题，迫切需要进一步壮大清洁发展，带动经济可持续增长。本章梳理欧洲地区整体政策环境和主要国家相关政策，提出在欧洲以跨国并购、股权交易等多种形式参与欧洲清洁能源项目开发、投资和运营，及借助欧洲绿色金融市场，通过绿色债券、绿色信贷、绿色保险、绿色基金等方式降低金融成本、提升项目收益等投融资建议，以完善投资政策环境，降低融资成本，加大外资对清洁能源投资力度，进一步推动清洁发展。

结　语

科学准确的资源量化评估和系统高效的基地宏观选址是清洁能源大规模开发利用的基础与前提，开展大型基地的电力外送研究和相关国家的政策环境及投融资研究是实现清洁能源大范围优化配置、推动项目实施落地的关键与保障。清洁能源开发与投资研究是在全球能源互联网发展战略指导下，秉持绿色、低碳、可持续发展理念，对水、风、光清洁能源资源条件和开发重点的一次科学、系统、全面的研究。报告系统地回答了清洁能源"有多少""在哪里""怎么样"等一系列关键问题，提出了一批极具开发潜力的大型基地，不仅给出了基地开发的技术和经济性指标，还包括清洁电力消纳、外送输电通道以及政策环境和投融资模式等内容，成果对推动能源变革转型提供了强有力的数据支撑，给出了行动指南。

加快开发丰富的清洁能源资源，将有力保障电力能源供应，有效应对气候变化和保护生态环境，打造欧洲经济增长新引擎，促进绿色可持续发展。加快清洁能源资源开发，是一项复杂的系统工程，涉及技术、经济和政治等多方面，需要各方以共商、共建、共享、共赢为原则，开展务实合作，形成强大合力。未来需要各方在以下几个方面共同努力。**一是扩大合作共识，**促进各国政府、能源企业、行业组织、社会团体形成广泛共识，建立清洁发展的合作框架、政策机制和投融资模式。**二是加强规划统筹，**发挥规划统领作用，强化顶层设计，把清洁能源资源开发纳入各国能源电力发展规划重点，加快形成上下游产业协同联动的有利局面。**三是注重创新驱动，**整合企业、科研机构的优势力量，推动技术和装备研发攻关，建立产学研深度融合发展新路径，紧紧抓住清洁能源发电技术快速发展历史机遇，用创新为绿色发展赋能。**四是推动项目突破，**加强政府、企业、金融更广泛合作，结合各国国情和特点，用商业模式和投融资创新推动一批经济效益好、示范效果强的大基地、大项目早开发、早见效，早日惠及欧洲经济社会发展。

　　欧洲清洁能源开发符合欧洲各国与国际投资者的共同利益，前景广阔、大有可为。衷心希望有关各方携手努力、密切协作，大力推动清洁能源开发项目落地实施，共创全人类更加美好的明天！

图书在版编目（CIP）数据

欧洲清洁能源开发与投资研究 / 全球能源互联网发展合作组织著. —北京：中国电力出版社，2020.10
ISBN 978-7-5198-5085-2

Ⅰ.①欧… Ⅱ.①全… Ⅲ.①无污染能源—能源开发—研究—欧洲 ②无污染能源—投资—研究—欧洲 Ⅳ.① F450.62

中国版本图书馆 CIP 数据核字（2020）第 203371 号

审图号：GS（2020）5849 号

出版发行：中国电力出版社
地　　址：北京市东城区北京站西街 19 号（邮政编码 100005）
网　　址：http://www.cepp.sgcc.com.cn
责任编辑：孙世通（010-63412326） 胡堂亮
责任校对：黄　倍　于　维
装帧设计：北京锋尚制版有限公司
责任印制：钱兴根

印　　刷：北京瑞禾彩色印刷有限公司
版　　次：2020 年 10 月第一版
印　　次：2020 年 10 月北京第一次印刷
开　　本：889 毫米 ×1194 毫米　16 开本
印　　张：12.75
字　　数：253 千字
定　　价：230.00 元